Charles A. Smith

Hauen ist doof

HERDER / SPEKTRUM

Band 4460

Das Buch

Wer schneller, größer, besser sein will, beeindruckt oft nur kurz, dann ziehen sich die Spielkameraden zurück. Gemeinsam geht es besser. Der Autor gibt praktische Spieltips, geeignet für Kinder im Alter von 3 bis 10 Jahren, die Sie mit einem Kind oder einer ganzen Gruppe spielen können. Spiele für draußen und drinnen, Spiele zum Herumtoben und ruhige Spiele. Phantasievolle, spannende und interessante Spiele, und immer geht es nebenbei auch darum, etwas zu lernen und nie darum zu gewinnen. Übersichtlich ist beschrieben, für welche Altersgruppe das Spiel jeweils geeignet ist sowie ob und welches Material gebraucht wird (Stühle, Luftballons, Papier, Stifte, Kleber usw.). Ob die Kinder sich schon gegenseitig kennen, ob sie vom Alter her zusammenpassen, ob es viele oder wenig sind, ob Eltern, Verwandte, Freund/innen mitspielen wollen, ob im Haus oder draußen gespielt werden soll, es sind für jede Situation geeignete Spiele dabei. Sie sind nicht aufwendig in der Vorbereitung, sind einfach zu verstehen und zu spielen. Sie machen einfach Spaß. Und: Es wird ohne Aggression gespielt. Kinder lernen ganz nebenbei, Gefühle zu zeigen, sich zu verständigen, Hilfe anzubieten. Eine Abwandlung der „Reise nach Jerusalem" etwa ist dabei, bei der aber kein Kind ausscheidet und am Rand stehen muß. Immer sollen die Kinder gemeinsam zu einem gemeinsamen Ziel kommen. Spiele für jedes Wetter, Spiele zum Herumlaufen und Im-Kreis-Sitzen, Spiele zum Basteln und Malen, ruhige Spiele zum Geschichten-Erzählen, phantasievoll und spannend allesamt. Kooperative Spiele für Kids von drei bis zehn, denn: Hauen ist doof.

Der Autor

Charles A. Smith, Dr. phil. Er veranstaltet Kurse und Workshops für Erziehende in den ganzen USA. Er arbeitete im Bereich frühkindliche Entwicklung und Erziehung. Er ist spezialisiert auf die soziale Entwicklung von Kindern. Er ist Professor für „Human Development and Familiy Studies" an der Kansas State University in Manhattan.

Charles A. Smith

Hauen ist doof

Miteinanderspiele – Anregungen und Tips
für Eltern und Erziehende

Aus dem Amerikanischen von Volker Pruß
Bearbeitet von Karin Hasselblatt

Herder

Freiburg · Basel · Wien

Titel der amerikanischen Originalausgabe:
The Peaceful Classroom. 162 Activities to Teach Preschoolers
Compassion and Cooperation,
Gryphon House, Inc. (Mt. Rainier, Maryland)
© Charles A. Smith 1993

Gedruckt auf umweltfreundlichem,
chlorfrei gebleichtem Papier

Bearbeitete Lizenzausgabe von: Charles A. Smith,
Hauen ist doof. 162 Spiele gegen Aggression in Kindergruppen,
© für die deutschsprachige Ausgabe:
Verlag an der Ruhr, Mülheim an der Ruhr 1994

Alle Rechte vorbehalten – Printed in Germany
© Verlag Herder Freiburg im Breisgau 1996
Satz: Fotosetzerei G. Scheydecker, Freiburg im Breisgau
Herstellung: Freiburger Graphische Betriebe 1996
Umschlaggestaltung: Joseph Pölzelbauer
Umschlagfoto: Hartmut Schmidt, Freiburg
ISBN 3-451-04460-9

Inhalt

Kapitel 2
Und was fühlst Du? 55

3 – 6 Jahre

4 – 8 Jahre

5 – 9 Jahre

Kapitel 3
Gemeinsam schaffen wir's! 89

3 – 6 Jahre

Über dieses Buch

Die Spiele in diesem Buch eignen sich für Kinder im Alter von etwa 3 bis 9 Jahren. Die Spiele sind in vier Kapitel eingeteilt. Jedes Kapitel behandelt noch einmal drei oder mehr Themen, die auch auf den einzelnen Seiten angezeigt werden:

Kapitel 1: „Wir sind Freunde und gehören zusammen!"
Themen:
Eine Gruppe sein
Sich verständigen
Zusammengehören
Freunde haben

Kapitel 2: „Und was fühlst Du?"
Themen:
Gefühle verstehen
Probleme lösen
Gefühle zeigen

Kapitel 3: „Gemeinsam schaffen wir's!"
Themen:
Etwas gemeinsam machen
Andere einbeziehen
Sich vertragen

Kapitel 4: „Kann ich etwas für Dich tun?"
Themen:
Sich kümmern
Mit anderen umgehen
Hilfe anbieten

Etwas abgeben
Einander beschützen
Einander achten
Den anderen stärken

Die Spiele in jedem Kapitel sind nach Altersstufen geordnet und beginnen mit solchen für Kinder von 3–6 Jahren und enden mit Übungen für Kinder von 5–9 Jahren.

Sie können schrittweise alle Spiele machen, die dem Alter Ihrer Kinder entsprechen, indem Sie mit dem ersten Spiel im ersten Kapitel beginnen und dann nach und nach alle Spiele machen, bis die Spiele zu schwierig werden. Dann springen Sie zum ersten Spiel des zweiten Kapitels über und gehen alle Spiele durch, bis auch hier die Spiele zu schwierig werden.

Genauso machen Sie es mit dem dritten und vierten Kapitel. Diese Vorgehensweise bietet sicherlich den umfassendsten Zugriff auf das Buch über den längsten Zeitraum.

Sie können sich aber auch nur ein Kapitel aussuchen und dann bei dem ersten Spiel beginnen, bis die Spiele für die Kinder zu schwierig werden.

Oder Sie suchen sich ein bestimmtes Thema wie „Mit anderen umgehen" oder „Eine Gruppe sein" aus. Spiele zu einem bestimmten Thema können Sie meist in allen vier Kapiteln finden.

Es ist immer ein guter Weg, eine eigene Strategie zu entwickeln. Wenn Sie beispielsweise 3jährige Kinder haben und an den „Umgang mit der Natur" heranführen möchten, könnten Sie folgende Spielesequenz machen:

• Ich pflege meine Pflanze
• Wir adoptieren einen Baum!
• Ein Vogel-Festessen
• Eine Collage schöner Dinge

Sie können Spiele zu den verschiedensten Bereichen zusammenstellen, z. B. „Sensibilisierung der Kinder für Menschen mit einer Behinderung" oder „Offenheit für multikulturelles Denken".

So sind die Übungen aufgebaut

Die Altersangaben
oben im gerasterten Feld sind nur eine Richtschnur, an der Sie sich orientieren können.

Schlüsselwörter
bezeichnen die Begriffe, die Sie wahrscheinlich im Gespräch mit den Kindern benutzen und die die Kinder im Verlauf des Spieles in ihrer Bedeutung verstehen lernen.

Ort
bezeichnet unseren Vorschlag, wo die Übung stattfinden könnte.

Benötigtes Material
brauchen Sie, um ein Spiel erfolgreich durchzuführen. In allen Fällen dürften die Materialien leicht zu besorgen oder einfach herzustellen sein.

Einführende Worte
geben Ihnen kurze Informationen darüber, was bei den Spielen zu beachten ist.

So geht es
erläutert schrittweise, wie Sie ein Spiel den Kindern vorstellen und mit ihnen durchführen können. Unsere Vorschläge, was Sie sagen oder machen können, sollten Sie als anregende Illustrierung auffassen. Wie Sie dann die Übung tatsächlich umsetzen, wird von Ihrem eigenen Stil abhängen, und die Spiele werden sicherlich Ihre Handschrift tragen.

Und so geht's weiter
gibt weiterführende Anregungen. Hier finden Sie auch Vorschläge, wie Sie Kinder, die die Spiele zu schwer oder aber
auch zu leicht finden, miteinbeziehen können, damit sie sich
nicht übergangen fühlen.

Tips für eine erfolgreiche Durchführung der Spiele

Ein gutes Gefühl
Wenn Sie ein Spiel machen, sollten Sie das Gefühl haben, daß
es auch sinnvoll ist. Sie sollten bei dem, was Sie ausgesucht
haben, ein gutes Gefühl haben. Wenn Sie merken, daß das bei
einem Spiel (aus welchen Gründen auch immer) nicht so ist,
sollten Sie nicht zögern, es notfalls wieder zu beenden und
ein anderes zu machen.

Bedürfnisse und Interessen
Die Übungen sollten die Bedürfnisse und Interessen der Kinder ansprechen.

Kombination von Spielen
Verschiedene Spiele lassen sich gut miteinander kombi-
nieren, um so ihre Wirkung zu erhöhen. Wenn Sie beispiels-
weise gerade Kooperation thematisieren, können Sie eine
Geschichte lesen, in der zwei Kinder zusammenarbeiten; ein
Gemälde, das in Gemeinschaftsarbeit entsteht, anregen und
die Kinder kooperative Fingerspiele spielen lassen. Halten
Sie immer nach Möglichkeiten Ausschau, wie Sie mehrere
Spiele sinnvoll miteinander verflechten können.

Aufbau
Wir haben versucht, die Spiele nach ihrem zunehmenden
Schwierigkeitsgrad zu ordnen. Denken Sie immer daran, daß
die Kinder mit manchen Spielen besser zurechtkommen können, wenn Sie mit Ihnen eine oder mehrere vorangehende
gemacht und die Kinder so vorbereitet haben. Beispielsweise
sollten Sie das Spiel „Ein Paket mit Überraschungen" erst

dann machen, wenn Sie sie mit dem Spiel „Ich kann nichts sehen!" an das Tragen von Augenbinden gewöhnt haben.

Freiwillige Teilnahme

Die Kinder sollten weder physisch noch psychisch unter Druck gesetzt werden, an einem Spiel teilzunehmen. Sie werden dies wahrscheinlich freiwillig tun, wenn sie wissen, um was es geht und was sie tun sollen, und wenn sie sehen, was Sie für sie vorbereitet haben.

Flexibilität

Wie erfolgreich ein Spiel wird, hängt entscheidend davon ab, wie gut Sie in der Lage sind, sich den meist nicht voraussehbaren Gegebenheiten anzupassen. Es kann immer geschehen, daß Kinder ganz unerwartete Reaktionen zeigen oder daß sich eine besonders günstige Gelegenheit ergibt, etwas Bedeutendes zu erkennen, was vorher gar nicht eingeplant war. Seien Sie immer flexibel genug, bei plötzlich auftretenden Schwierigkeiten und Widerständen einerseits oder in besonders günstigen und glücklichen Momenten andererseits Ihren ursprünglichen Verlaufsplan umzuwerfen und ihn spontan der neuen Situation anzupassen.

Sicherheit

Das Wohlbefinden und die Sicherheit der Kinder sollten bei allem, was Sie tun, höchste Priorität haben. Bedenken Sie jede mögliche Sicherheitsvorkehrung, bevor Sie mit den Kindern zu spielen beginnen. Schließen Sie von vornherein jedes mögliche Risiko aus. Gegenstände mit scharfen Ecken und Kanten haben beispielsweise nichts in einem Raum zu suchen, in dem sich die Kinder austoben sollen. Beim Basteln müssen Sie den Umgang der Kinder mit einer Schere stets überwachen. Seien Sie auch besonders aufmerksam, wenn Augenbinden eingesetzt werden. Bleiben Sie wachsam gegenüber jeder möglichen Gefahr und versuchen Sie, jedes einzelne Kind im Auge zu behalten.

Kapitel 1

Wir sind Freunde und gehören zusammen!

Kinder mit ausgeprägtem Selbstwertgefühl haben keine Probleme mit ihrem Zugehörigkeitsgefühl zu einer Gruppe. Sie fühlen sich den anderen Kindern verbunden und von ihnen akzeptiert. Voller Selbstbewußtsein gehen sie aus sich heraus, weil sie glauben, daß sie etwas zum Gemeinsamen beitragen können. Die Entwicklung von Fähigkeiten in diesem Bereich ist Thema der Spiele in diesem Kapitel.

Vielleicht können Sie sich selbst noch an Freundinnen und Freunde aus Ihrer Kindheit erinnern. Welche Spiele haben Sie am liebsten mit ihnen gespielt? Ist es Ihnen leichtgefallen, Freundschaften zu schließen? Können Sie sich daran erinnern, wie es war, wenn sie von anderen ausgegrenzt wurden? Es ist sicherlich nicht leicht zu lernen, wie man mit anderen umzugehen hat. Wir alle mußten einmal lernen, wie man auf Zurückweisung reagieren soll, wie man gibt und wie man nimmt, wie man andere in sein eigenes Leben integriert.

Es gibt viele Möglichkeiten, die Fähigkeit Ihres Kindes, Freundschaften zu schließen, zu fördern. Einen der wichtigsten Beiträge, die Sie dazu leisten können, ist es, mit Ihrem Kind Ihre eigenen Erinnerungen zu teilen.

Namen in Versen

Schlüsselwörter
Name
zusammen
Gemeinschaft

Ort
Wohn- oder Kinderzimmer
Draußen

Benötigtes Material
Kein besonderes Material
erforderlich

Die meisten Kinder lieben es, Ihren Namen von anderen gesprochen zu hören. Wenn sie die Namen aller Kinder hören und gemeinsam dazu im Takt in die Hände klatschen, werden sie beginnen, ein Gemeinschaftsgefühl zu entwickeln. Vermeiden Sie unbedingt Verse, die ein Kind verletzen oder verlegen machen könnten. Beginnen Sie die Übung mit Ihrem eigenen Namen.

So geht es

1. Erfinden Sie für die Vornamen aller anwesenden Kinder und Erwachsenen einen kurzen, rhythmischen Vers (Nonsensreime sind besonders geeignet), z. B.:

Katharina, Katharina –
bimbambina, bimbambina.

Achmed, Achmed –
springt vom Sprungbrett.

Sarah, Sarah –
liebt die Sahara.

Alexander, Alexander –
Tiger, Adler, Salamander.

2. Langsam wird jeder Vers zweimal im Sprechgesang gemeinsam gerufen und dazu im Takt in die Hände geklatscht. Sie können mit den Kindern zu jeder Silbe oder zu jedem Wort oder nach einer Pause in der Versmitte klatschen.

3. Schauen Sie das Kind, dessen Name gerade genannt wird, direkt an. Das Tempo des Sprechgesangs und des Klatschens kann natürlich variiert werden.

Und so geht's weiter

Bitten Sie ältere Kinder, nach Wörtern zu suchen, die sich auf ihren Namen reimen, z.B. Dennis/Tennis. Danach bildet ein anderes Kind (oder Sie selbst) einen Vers, den die Gruppe dann wieder im Sprechgesang rufen kann, z.B. *Dennis, Dennis – spielt gern Tennis.* Oder Sie verzichten einfach auf den Reim und fragen ein Kind, was es ganz besonders gern ißt. Daraus läßt sich dann ein rhythmischer Vers bilden, der den Namen mit der besonderen Vorliebe zusammenbringt, z.B. *Sarah, Sarah – ißt gern Eiskrem.*

Dieses Spiel macht besonders bei längeren Autofahrten Spaß.

Roll ihn rüber!

3–6 Jahre

Schlüsselwörter
Namen
Gruppe
sanft
zusammen

Ort
Wohn- oder Kinderzimmer
Draußen

Benötigtes Material
Ein mittelgroßer Gummi- oder
Schaumstoffball

Eine erfolgreiche Methode, unter Kindern ein Gefühl der Gruppenzugehörigkeit entstehen zu lassen, ist es, einen Kreis zu bilden. Wenn dazu ein Lied gesungen oder ein Sprechgesang angestimmt wird, erzeugt dies ein echtes Zusammengehörigkeitsgefühl. Selbst eine so einfache Übung wie das Hin- und Herrollen eines Balles weckt die Kooperationsbereitschaft der Kinder, die für ein angenehmes Miteinander nötig ist.

So geht es

1. Die Kinder bilden mit Ihnen einen Stehkreis. Bitten Sie sie, einander sanft an den Händen zu fassen und mit Ihnen den folgenden Sprechgesang anzustimmen:

Hand in Hand,
Hand in Hand,
so werden wir eine Gruppe   (alle fassen sich an den Händen),

Hand in Hand,
so sind wir eine Gruppe,
alle zusammen,
so stehen wir hier   (alle halten sich nun an den Händen)

dies ist unsere Gruppe,   (alle heben ihre Hände,
drum reiche mir die Hand   ohne einander loszulassen).

2. Die Kinder sitzen nun mit Ihnen im Kreis dicht nebeneinander. Nehmen Sie einen Ball, und sagen Sie den Kindern, daß Sie nun diesen Ball langsam quer durch den Kreis zu einem Kind rollen. Wenn dieses Kind den Ball aufgefangen hat, sollen alle anderen im Chor seinen Namen rufen, und das Kind rollt dann den Ball zu einem anderen. Dies wird nun so lange fortgesetzt, bis jeder Name einmal laut im Chor gerufen wurde und jedes Kind mindestens einmal an der Reihe war.

Und so geht's weiter

Denken Sie sich eine Melodie für den Sprechgesang aus, die Sie mit den Kindern einstudieren.

- Bei älteren Kindern kann das Kind, das den Ball aufgefangen hat, den Namen des Kindes nennen, das ihm den Ball zugerollt hat.
- Nehmen Sie auch die Familiennamen hinzu, oder nennen Sie ein Kleidungsstück, das eines oder mehrere Kinder tragen. Das Kind, das den Ball hat, rollt ihn dann zu einem Kind, das das genannte Kleidungsstück trägt. Der Sprechgesang „Hand in Hand" kann bei jedem Spiel, für das man einen Kreis bilden muß, eingesetzt werden.

Sprechen Sie mit Ihrem Kind über Ihre Freundinnen und Freunde aus Ihrer eigenen Kindheit. Wie sahen Ihre Freundinnen und Freunde aus? Was haben sie am liebsten gemacht? Sie können auch ein Bild von Ihrer damaligen Freundin oder Ihrem damaligen Freund zeichnen und Ihr Kind bitten, das gleiche zu tun. Beide Zeichnungen werden dann an die Kühlschranktür geklebt.

Das Kind im Kreis

3–6 Jahre

Ort
Spielzimmer
Draußen

Schlüsselwörter
Namen
Kreis
allein

Benötigtes Material
Kein besonderes Material
erforderlich

Bei diesem Spiel sollten nicht mehr als 5–6 Kinder dabei sein. Es ist aus Platzgründen am besten draußen zu spielen. Es ist gut geeignet, wenn die beteiligten Kinder und Erwachsenen sich noch nicht gut kennen.

So geht es

1. Die Kinder bilden im Stehen einen Kreis. Wählen Sie ein Kind aus, das sich in die Mitte des Kreises stellt, während die anderen z. B. folgendes Lied singen und im Kreis um das Kind in der Mitte herumgehen:

Peter steht im Kreis,
Peter steht im Kreis,
hei-ho, hei-li, hei-lo,
Peter steht im Kreis.

2. Das Kind in der Mitte zeigt nun auf ein anderes Kind, das dann zu ihm in die Mitte tritt, und die anderen singen z. B.:

Peter zeigt auf Ute,
Peter zeigt auf Ute,
hei-ho, hei-li, hei-lo,
Peter zeigt auf Ute.

3. Das erste Kind verläßt nun die Kreismitte, so daß das zweite allein dort bleibt, und das Spiel geht weiter, bis alle einmal im Kreis gestanden haben. Weil das letzte Kind nun kein anderes Kind mehr in den Kreis holen kann, singen die Kinder z. B.:

Thomas ist allein,
Thomas ist allein,
hei-ho, hei-li, hei-lo,
Thomas ist allein.

Und so geht's weiter

Drehen Sie das Ganze um, indem alle Kinder zuerst in einer dichten Gruppe stehen und dann ein Kind herausspringt und um sie herumläuft. Dieses Kind zeigt auf ein anderes, das mit ihm dann Hand in Hand außen herumläuft. Nach und nach bildet sich so außen ein Kreis von Kindern, die um die Kinder in der Mitte herumlaufen, bis schließlich alle Hand in Hand im Kreis laufen. In diesem Fall wird die Schlußstrophe (... *ist allein*) nicht gesungen.

Wie heiße ich?

3–6 Jahre	**Ort**
	Wohn- oder Spielzimmer
	Draußen
Schlüsselwörter	
Namen	**Benötigtes Material**
Gruppe	Kein besonderes Material
	erforderlich

Spiele, bei denen Namen genannt werden sollen, fallen den Kindern leichter, wenn immer alle gleichzeitig an ihnen teilnehmen. Wenn die Kinder dann ein wenig vertrauter mit den Namen der anderen sind, sind sie vermutlich selbstsicher genug, auch einmal allein zu antworten.

So geht es

1. Die Kinder bilden im Stehen einen Kreis und fassen sich an den Händen. Während Sie in der Mitte herumgehen, rufen die Kinder:

Denkt gut nach,
kein Fehler nur aus Spaß,
denkt gut nach!
Also, wer ist DAS?

2. Genau dann, wenn die Kinder *DAS* rufen, bleiben Sie vor einem Kind stehen, und alle Kinder rufen im Chor dessen Namen. Das Spiel geht weiter, bis die Namen aller Kinder einmal gerufen worden sind.

3. Wenn die Kinder mit den Regeln des Spiels vertraut sind, können sie auch einmal Ihre Rolle im Kreis übernehmen.

Und so geht's weiter

Das Spiel wird schwieriger, wenn ein Kind außen um den Kreis herumläuft, während die anderen Kinder ihren Sprech-gesang vortragen. Bei *DAS* bleibt das Kind vor einem anderen Kind stehen und soll nun dessen Namen sagen.

Der Magnet

3–6 Jahre

Schlüsselwörter
Namen
sanft berühren

Ort
Wohn- oder Spielzimmer
Draußen

Benötigtes Material
• Toncassette
• Cassettenrecorder

Bitten Sie die Kinder, möglichst sanft zu sein, wenn sie den „Magneten" berühren. Falls Sie bei einigen Kindern bemerken, daß ihnen körperliche Berührungen unangenehm sind, sollten Sie mit ihnen diese Übung so durchführen, wie alternativ unter „Und so geht's weiter" beschrieben wird.

So geht es

1. Die Kinder bilden im Stehen einen Kreis und fassen sich an den Händen. Wenn die Musik beginnt, hüpft oder läuft die Gruppe Hand in Hand im Kreis herum. Unterbrechen Sie die Musik, und rufen Sie einen Namen. Die Kinder lassen die Hände los und laufen – wie von einem Magneten angezogen – zu dem genannten Kind, um es sanft zu berühren.

2. Wenn alle Kinder den „Magneten" berührt haben, setzt die Musik wieder ein, und alle laufen wieder Hand in Hand im Kreis herum, bis die Musik erneut abbricht und Sie einen anderen Namen rufen.

3. Das Spiel geht so lange weiter, bis alle einmal „Magnet" waren.

Und so geht's weiter

Anstelle einer Berührung des „Magneten" können die Kinder
auch einen Kreis darum bilden und im Chor rufen:

Hallo, Jutta! Hallo, Jutta!
Wie fühlst du dich?
Wie fühlst du dich?
Hallo, Jutta! Hallo, Jutta!
Wir mögen dich!
Wir mögen dich!

Dann setzt die Musik wieder ein, und das Spiel geht weiter.

Eine Reise mit Musik

In dieser Variante des Spiels „Reise nach Jerusalem" wird kein Kind ausgeschlossen, sondern alle verbleiben im Spiel. Beim Spielen nach den ursprünglichen Regeln kann es geschehen, daß sich aus dem Spiel ausgeschiedene Kinder damit schwertun, von außen den anderen nur noch zuschauen zu dürfen. Kinder lieben es, wenn man ihren Namen nennt. Spielen Sie mit ihnen dieses Spiel oft genug, so daß jedes Kind einmal an der Reihe war.

So geht es

1. Stellen Sie die Stühle im Kreis auf. Die Kinder laufen zur Musik um die Stühle herum. Sobald die Musik abbricht, setzen sie sich auf einen Stuhl. Das Kind, das keinen Sitzplatz gefunden hat, stellt sich hinter den Stuhl, der ihm am nächsten ist, und ruft laut den Namen des Kindes, das vor ihm sitzt.

2. Nach jeder Runde nehmen Sie einen Stuhl weg, so daß sich zwei und dann noch mehr Kinder hinter einen Stuhl stellen. Die stehenden Kinder rufen nacheinander die Namen der vor ihnen sitzenden Kinder.

3. Am Ende des Spiels findet nur noch ein Kind auf dem letzten verbleibenden Stuhl Platz. Alle anderen Kinder rufen nun
seinen Namen im Chor.

Und so geht's weiter

Das Spiel läßt sich auch umgekehrt spielen: Beginnen Sie mit
nur einem Stuhl, und fügen Sie nach jeder Runde einen
hinzu.

Ohne ein Wort

4 – 8 Jahre

Schlüsselwörter
etwas erzählen
miteinander
reden
Ideen
Geräusche
Zeichensprache
taub (gehörlos)

Ort
Spielzimmer

Benötigtes Material
Kein besonderes Material
erforderlich

Kleine Kinder sind meist sehr egozentrisch und haben oft Schwierigkeiten, die Folgen einer für sie nicht sichtbaren Körperbehinderung zu verstehen. Dieses Spiel wird ihnen helfen, die Bedeutung der fünf Sinne für die Kommunikation richtig einzuschätzen. Sie können es auch mit nur einem Kind spielen.

So geht es

1. Denken Sie sich eine einfache Zeichensprache für ganz bestimmte Wörter aus, die Sie den Kindern beibringen können:

Ich   (zeigen Sie auf sich)
mag   (umarmen Sie sich selbst)
Hilfe   (legen Sie Ihre Hände ineinander).
essen   (führen Sie eine Hand zum Mund),
sehen   (beschirmen Sie Ihre Augen),
du   (zeigen Sie auf ein Kind).
dieses   (zeigen Sie auf einen Gegenstand),
Vati   (streichen Sie sich einen imaginären Bart),
Mutti   (streichen Sie sich durchs imaginäre lange Haar).

2. Sprechen Sie mit den Kindern über Gehörlosigkeit: *Ihr wißt ja, daß es Menschen gibt, die leider nichts hören kön-*

nen. *Wenn die Vögel zwitschern, können sie ihren Gesang nicht hören. Wenn es bei Gewitter blitzt, können sie den anschließenden Donner nicht hören ...*
Ergänzen Sie die Aufzählung mit weiteren Beispielen.

3. Lauschen Sie dann einen Moment still Geräuschen in der Nähe. Machen Sie den Kindern klar, daß ein gehörloser Mensch diese Geräusche nicht wahrnehmen kann: *Aber auch wenn solche Menschen nicht hören können, was wir sagen, so haben doch viele von ihnen eine Zeichensprache gelernt, und das ist eine Art und Weise, etwas mit den Händen zu sagen. Ich zeige euch jetzt mal einige Wörter, die ich mit meinen Händen sagen kann. Beobachtet genau, was ich mit meinen Händen mache, und versucht herauszufinden, was ich euch damit sagen will.*

4. Wählen Sie einen einfachen kurzen Satz als Beispiel: *Ich sehe dich.* (Zeigen Sie auf sich selbst, dann auf ihre Augen und schließlich auf ein Kind.)

5. Fragen Sie die Kinder, ob sie verstanden haben, was Sie ihnen mitteilen wollten. Sprechen Sie mit ihnen über jedes einzelne Zeichen und seine Bedeutung. Dann fordern Sie die Kinder auf, es Ihnen nachzumachen und selbst den Satz in Zeichensprache zu sagen.

6. Erweitern Sie das Vokabular Ihrer Zeichensprache, indem Sie weitere kurze Sätze vorführen und die Kinder ihre Bedeutung herausfinden lassen.

7. Fordern Sie die Kinder auf, eigene Sätze zu bilden.

8. Wenn Ihre Zeichensprache etwa neun Wörter umfaßt, sollen die Kinder einmal versuchen, sich selbst Gesten für bestimmte Wörter auszudenken.

Und so geht's weiter

Erweitern Sie das Vokabular und die Länge der Mitteilungen.
• Machen Sie den Kindern klar, daß die in der Gruppe gemeinsam entwickelte Zeichensprache nicht mit der Gehörlosensprache identisch ist.

Schallwellen

4–8 Jahre	**Ort** Gruppen- bzw. Klassen- zimmer
Schlüsselwörter Gruppe einzeln zusammengehören an der Reihe sein	**Benötigtes Material** Kein besonderes Material erforderlich

Für diese Übung sollten Sie sich auf einige echte Albernheiten einstellen. Lachen Sie mit den Kindern! Wenn die Kinder nicht gern allein um den Kreis herumlaufen möchten, erklären Sie ihnen den Gedanken, der dahintersteckt, wenn es heißt, an der Reihe zu sein.

So geht es

1. Versammeln Sie die Kinder in einem Kreis. Bitten Sie sie, ein ganz bestimmtes Geräusch nacheinander nachzuahmen, also ungefähr so, wie es Schallwellen tun. Führen Sie es vor, indem Sie in die Kreismitte treten und ein einfaches Geräusch mit Ihrer Stimme machen. Bitten Sie dann die Kinder, es genau nachzuahmen: zuerst gemeinsam im Chor und danach jedes Kind für sich allein, indem es um den Kreis herumgeht und dabei das Geräusch macht. Wenn jedes Kind an der Reihe war, wird sich auf Ihre Bitte hin sicherlich ein Kind freiwillig melden, um in die Mitte zu treten und ein anderes Geräusch vorzumachen. Die anderen ahmen dies zuerst im Chor und danach einzeln in der beschriebenen Form nach.

2. Das Spiel wird fortgesetzt, bis alle sich freiwillig meldenden Kinder ihr Geräusch vorgemacht haben, das dann als Schallwelle um den Kreis herumläuft.

Und so geht's weiter

Sie können die Übung einfacher gestalten (und die Verlegenheit der Kinder vermindern), wenn Sie einen Ball im Kreis herumlaufen lassen. Sobald ein Kind den Ball erhält, macht es das vorgegebene Geräusch nach und reicht dann den Ball an das nächste Kind weiter.

- Mit älteren Kindern können Sie das Spiel so gestalten, daß zwei verschiedene Geräusche vorgegeben werden, die dann in entgegengesetzter Richtung im Kreis herumlaufen.
- Sie können anstelle einer Schallwelle auch eine Körperbewegung „weiterreichen" lassen, indem die Arme, die Hände, die Beine oder die Füße bewegt werden.
- Dieses Spiel ist auch für Autofahrten geeignet.

Wer bist Du?

4-8 Jahre

Schlüsselwörter
Namen
sanft
Gruppe, Familie
mit verbundenen Augen
freiwillig

Ort
Spielzimmer
Draußen

Benötigtes Material
Augenbinde

Dieses Spiel macht nur Sinn, wenn es mit mindestens 3-4 Personen gespielt wird.

So geht es

1. Fünf bis neun Kinder bilden einen kleinen Kreis. Nachdem Sie die Spielregeln erklärt haben, werden einem Kind, das sich freiwillig gemeldet hat, die Augen verbunden. Es stellt sich in die Mitte des Kreises, während sich die anderen an den Händen fassen, im Kreis um das Kind herumgehen und dabei halblaut folgenden Sprechgesang anstimmen:

Die Gruppe hier im Kreis rumgeht,
doch Peter weiß nicht,
wenn wir halten,
wer wo steht.

2. Nach einigen Augenblicken sagt das Kind in der Mitte „Halt!", und die anderen bleiben stehen. Das Kind mit den verbundenen Augen bewegt sich langsam vorwärts, bis es ein anderes Kind berührt. Nachdem es dessen Haare und Kleidung befühlt hat, versucht es, dessen Namen zu erraten.

3. Danach geht das geratene Kind oder ein anderes, das sich freiwillig gemeldet hat, in die Kreismitte und läßt sich die Augen verbinden. Das Spiel kann so lange weitergehen, bis alle den Mut gefunden haben, einmal mit verbundenen Augen in der Mitte zu stehen.

4. Weisen Sie die Kinder an, daß sie beim Abtasten möglichst sanft mit ihrem Gegenüber umgehen. Kleinere Kinder könnten ohne Absicht etwas zu rauh werden. Beobachten Sie die Kinder aufmerksam, und geben Sie ihnen notfalls Hilfestellung.

5. Falls ein Kind Probleme hat, den Namen des anderen Kindes zu erraten, bitten Sie letzteres, ein paar Worte zu sagen, um dem Kind mit den verbundenen Augen einen Hinweis zu geben.

Und so geht's weiter

Sie können die Übung schwieriger gestalten, indem Sie die im Kreis stehenden Kinder bitten, vorsichtig ihre Hände auszustrecken. Das Kind mit den verbundenen Augen kann jetzt nur die Hände betasten. Vielleicht kann es trotzdem herausfinden, wer sein Gegenüber ist.

- Bei einer größeren Gruppe können Sie auch die Rollen tauschen. Die Kinder, die den Kreis bilden, schließen die Augen und versuchen herauszufinden, welches Kind im Kreis steht. Sie gehen Hand in Hand um das Kind in der Mitte herum, und erst wenn dieses „Halt!" sagt, bleiben sie stehen. Das Kind in der Mitte berührt eines der Kinder im Kreis. Dieses muß raten, von wem es berührt wird.
- Bei wenig Personen können Sie zwei Küchenstühle einander gegenüberstellen. Ein Familienmitglied oder Kind setzt sich dem anderen gegenüber, das mit geschlossenen Augen das Gesicht des ersteren abtastet und versucht herauszufinden, um wen es sich handelt.

Es klopft an der Tür!

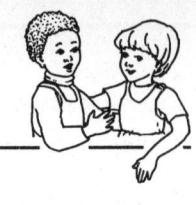

4–8 Jahre

Schlüsselwörter
Namen
Gruppe, Familie
Zuhause
Besuch

Ort
Spielzimmer

Benötigtes Material
Zwei Stühle

Dieses Spiel macht wie das vorhergehende nur Sinn, wenn mindestens 3 Personen beteiligt sind.

So geht es

1. Stellen Sie die beiden Stühle hintereinander auf. Der vordere Stuhl stellt das „Zuhause" dar, der hintere Stuhl ist der „Besuch".

2. Die Kinder versammeln sich hinter den Stühlen. Bitten Sie dann ein Kind, das sich freiwillig meldet, auf dem Stuhl für „Zuhause" Platz zu nehmen. Es darf sich, sobald es sitzt, nicht umdrehen, sondern soll nach vorne schauen.

3. Danach zeigen Sie auf eines der anderen Kinder, das sich still auf den hinteren Stuhl für „Besuch" setzt. Diese zweite Kind klopft nun von hinten an die Stuhllehne des ersten Kindes und sagt dabei:
Es klopft an der Tür!
Ohne sich umzudrehen, fragt das erste Kind: *Ja, wer ist denn da?* Das zweite Kind antwortet:

Dreh dich nicht um,
doch hör gut zu!
Gib acht auf meine Stimme,
und dann rätst du!

4. Das „Zuhause"-Kind versucht nun zu raten, wer der „Besuch" ist, aber ohne sich umzudrehen. Danach setzt sich das „Besuchs"-Kind auf den vorderen Stuhl, und ein anderes freiwilliges Kind spielt jetzt den „Besuch".

5. Das Spiel geht so lange weiter, bis alle Familienmitglieder oder Kinder einmal auf dem ersten Stuhl gesessen haben.

Und so geht's weiter

Sie können das Spiel schwieriger gestalten, wenn zwei zu „Besuch" kommen. Oder wie wär's mit gleich drei oder vier? Kann das „Zuhause"-Kind alle erkennen und beim Namen nennen? Besonders lustig wird es, wenn man die Stimme verstellt.

Hände erzählen Geschichten

4–8 Jahre

Schlüsselwörter
Geschichte
erzählen
Hände
Finger
raten

Ort
Wohn- oder Spielzimmer

Benötigtes Material
Kein besonderes Material
erforderlich

Mit diesem Spiel können Sie den Kindern zeigen, welch starke Wirkung Gesten und Gebärden beim Sprechen haben können. Die Hände können genauso ausdrucksstark sein wie ein Puppenspiel. Dieses Spiel können Sie auch mit einem Kind allein spielen.

So geht es

1. Erzählen Sie den Kindern, daß sie mit ihren Händen und Fingern ganze Geschichten oder auch Gedanken mitteilen können, ohne dabei irgendwelche Wörter zu benutzen. Bitten Sie sie, genau auf Ihre Hände und Finger zu achten und dann zu raten, welches Tier Sie ihnen gerade vorspielen.

2. Ahmen Sie mit einem Arm die Bewegungen einer Schlange nach, die sich über den Boden bewegt. Können die Kinder es erraten? Versuchen Sie mit einer Hand ein Kaninchen, einen Vogel, eine Spinne oder einen Fisch vorzumachen. Können die Kinder jedes einzelne Tier erkennen?

3. Bitten Sie nun die Kinder, sich ein Tier auszusuchen und es in gleicher Weise vorzuführen. Können die anderen Kinder raten, welches Tier jeweils vorgeführt wird?

4. Machen Sie die Sache schwieriger, indem Sie die Kinder Handlungen und Geschehnisse raten lassen, z. B.:

Sie kletten einen hohen Baum hinauf.
Sie essen etwas.
Sie fangen einen Ball auf.
Wellen bewegen sich durchs Wasser.
Es regnet heftig (oder leicht).
Die Sonne kommt hinter den Wolken hervor.

5. Danach sollen auch die Kinder nacheinander Handlungen vorführen und die anderen raten lassen.

Und so geht's weiter

Mit folgenden kleinen Szenen können Sie das Ratespiel noch schwieriger gestalten; Ihre Hände setzen Sie dabei wie Puppen ein:

Zwei Menschen streiten sich und fangen dann an zu kämpfen.
Zwei Menschen wollen sich näher kennenlernen. Sie gehen aufeinander zu und umarmen sich.
Jemand fühlt sich ganz traurig, ein anderer ist ängstlich.
Jemand klopft an die Tür, und ein zweiter antwortet und sagt hallo.
Das Ratespiel wird einfacher, wenn Sie etwas vorführen und dann den Kindern zwei mögliche Antworten vorgeben, indem Sie z. B. fragen: „Ist das nun eine Schlange oder eher ein Vogel?"

Der Zauberbeutel

4 – 8 Jahre

Ort
Spielzimmer

Schlüsselwörter
Geschichten
etwas erzählen

Benötigtes Material
Kein besonderes Materiel
erforderlich

Sich verständigen, kommunizieren heißt: einen Gedanken in eine bestimmte Form – etwa Wörter oder Gesten – zu übersetzen, damit ihn andere verstehen können. Mittels Kommunikation den eigenen Gedanken Leben einzuhauchen ist ein entscheidender Aspekt des Umgangs miteinander, ob wir nun Freundschaften schließen oder Konflikte lösen wollen. Dieses Spiel ist für ein Kind ebenso geeignet wie für eine Gruppe.

So geht es

1. Sagen Sie Ihrem Kind, daß Sie nun so tun werden, als würden Sie einen ganz bestimmten Gegenstand aus einem Zauberbeutel nehmen und benutzen. Dann soll das Kind raten, was das wohl für ein Gegenstand war.

2. Nehmen Sie beispielsweise die folgenden Gegenstände aus Ihrem „Zauberbeutel", und führen Sie damit die vorgeschlagene Handlung durch, damit das Kind den jeweiligen Gegenstand erraten kann:

• Sie schlagen einen Nagel in die Wand.
• Sie werfen einen Ball.
• Sie pellen eine Banane.

- Sie essen ein Brötchen.
- Sie sägen ein Brett durch.
- Sie zerschneiden etwas mit einer Schere.
- Sie trinken aus einem Glas.

3. Bitten Sie Ihr Kind, nun auch einmal in den eigenen Zauberbeutel zu schauen und vorzuführen, was es darin gefunden hat. Können Sie bzw. andere Kinder erraten, um welchen Gegenstand es sich jeweils gehandelt hat?

Und so geht's weiter

Holen Sie aus Ihrem Beutel nicht so leicht zu erratende Gegenstände, z.B. solche, die man braucht, um den Mittagstisch zu decken oder um ein bestimmtes Spiel zu spielen. Oder versuchen Sie es einmal mit unsichtbaren Einzelheiten eines viel größeren Gegenstandes, z.B. eines Autos oder eines Ruderboots.

Ein Geschenk von Penelope

4–8 Jahre

Schlüsselwörter
zusammengehören
Geschichte
an der Reihe sein

Ort
Wohn- oder Spielzimmer

Benötigtes Material
Kein besonderes Material
erforderlich

Bei diesem Spiel wird eine Geschichte von Geräusch-Effekten begleitet. Wenn Sie die Geschichte erzählen, machen Sie einige Zwischenkommentare, um die Zeit zu überbrücken, in der die Kinder im Kreis verschiedene Geräusch-Effekte wiederholen. Das Spiel eignet sich für Kindergeburtstage oder Familienfeiern, wenn viele Personen um einen Tisch sitzen.

So geht es

1. Die Kinder bilden im Sitzen einen Kreis. Sprechen Sie einige Minuten mit ihnen darüber, was es bedeutet, an der Reihe zu sein. Damit es alle an einem praktischen Beispiel verstehen können, sollen sie nacheinander ihren Namen nennen. Zeigen Sie auf das Kind zu Ihrer Rechten, das damit beginnen soll. Wenn alle rundum im Kreis an der Reihe waren, bitten Sie sie, auf die gleiche Weise ein ganz bestimmtes Geräusch zu wiederholen, das Sie mit Ihren Händen vormachen, z. B. indem Sie sie reiben. Während das Geräusch im Kreis nachgemacht wird, weisen Sie die Kinder an, ein Geräusch so lange zu wiederholen, bis Sie ein anderes vorgeben. Wenn das Geräusch wieder bei Ihnen ankommt, klatschen Sie in die Hände. Die Kinder reiben aber so lange weiter ihre Hände, bis das Geräusch „Händeklatschen" bei ihnen ankommt. Setzen Sie dieses Spiel erst dann fort, wenn alle

Kinder den dahinterstehenden Gedanken, ein Geräusch auf-
zunehmen und im Kreis herum zu wiederholen, verstanden
haben.

2. Wenn die Kinder die Übung verstanden haben, legen Sie
Ihre Hände in den Schoß. Beginnen Sie die folgende Geschichte zu erzählen, sobald das letzte Kind das Händeklatschen beendet hat. Sie können die Geschichte auch noch
weiter ausschmücken oder verändern, ganz wie Sie es wün-
schen.

*Es war einmal ein Mädchen, das hieß Penelope Pummel.
Penelope war mit Holzknopf dem Hasen befreundet, und der
hatte sie zu seiner Geburtstagsparty eingeladen, worüber sich
Penelope riesig freute. Sie arbeitete ununterbrochen an einem
neuen Kleid, das sie zu diesem Anlaß anziehen wollte, und
nähte und nähte. Als Holzknopfs Geburtstag endlich gekommen war, zog sie das Kleid an, nahm das gut verpackte
Geburtstagsgeschenk für Holzknopf (Karotteneintopf: sein
Lieblingsgericht) und machte sich frühzeitig auf den Weg,
denn sie hatte ein ganz schönes Stück vor sich. Während sie
nun so lief, begann ein kräftiger Wind zu wehen …*

(Beginnen Sie, Ihre Hände zu reiben.)

*Oha, dachte Penelope und schaute zum Himmel: „Das sieht
mir aber ganz nach Regen aus!" Sie nahm das Geschenk für
Holzknopf noch fester in die Arme und marschierte weiter.*

(Erzählen Sie die Geschichte weiter, bis das Geräusch wieder
bei Ihnen angekommen ist. Dann schnippen Sie mit den Fingern beider Hände.)

*Oh, nein! Jetzt fängt es wirklich an zu regnen. Penelope ging
nun immer schneller. „Ich will nicht, daß Holzknopfs Geschenk oder mein Kleid völlig durchnäßt werden", rief sie.
„Oh, Regen, hör doch auf!"*

(Fahren Sie fort, bis das Schnippgeräusch wieder bei Ihnen ist, und beginnen Sie dann leicht in die Hände zu klatschen.)

Aber der Regen wurde immer und immer stärker. Penelopes Kleid war nun schon ziemlich durchnäßt ... und Holzknopfs Geschenk wurde immer nasser ... bis plötzlich Aristoteles, ein Wald-, Feld- und Wiesenmäuserich, mit einem Schirm auftauchte und ihn schützend über Penelope hielt, so daß sie nicht mehr so naß wurde.

(Wenn das Händeklatschen wieder bei Ihnen angekommen ist, beginnen Sie wieder mit dem Fingerschnippen.)

Der heftige Regen ließ nun nach und wurde immer weniger. „Hm, sieht so aus, als würde es bald aufhören zu regnen", sagte Aristoteles, als sie gerade in den Waldweg einbogen, der auf Holzknopfs Haus zuführte.

(Wenn das Fingerschnippen wieder bei Ihnen angekommen ist, beginnen Sie die Hände zu reiben.)

Und es regnete nun kaum noch, und alles, was man hören konnte, waren der Wind und ein paar Regentropfen. Endlich kamen Penelope und Aristoteles an Holzknopfs Haus an.

(Wenn das Geräusch wieder bei Ihnen angekommen ist, legen Sie die Hände einfach in den Schoß.)

Sogar der Wind beruhigte sich nun langsam ... bis schließlich alles völlig still war. Penelope läutete an der Glocke: „Ding-dong!" Und als Holzknopf die Tür öffnete, riefen Penelope und Aristoteles: „Herzlichen Glückwunsch zum Geburtstag, Holzknopf!" Auch wenn das Geschenk ziemlich durchgeweicht war, freute sich Holzknopf doch sehr über den Karotteneintopf, den ihm Penelope mitgebracht hatte. Und alle hatten viel Spaß auf seiner Geburtstagsparty.
ENDE

Und so geht's weiter

Ändern Sie die Geschichte, indem Sie sie aus der Perspektive einer anderen Figur erzählen.
- Ermuntern Sie die Kinder, sich auch eine kurze Geschichte und die dazu passenden Geräusche auszudenken.
- Entwickeln Sie mit den Händen verschiedene Geräusch-Effekte, mit denen sich einfache Geschichten eindrucksvoll gestalten lassen.

Rate mal, was da passiert!

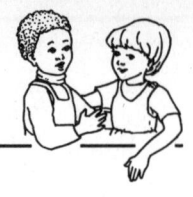

4 – 8 Jahre

Schlüsselwörter
Geschichten
etwas erzählen
Leben

Ort
Wohn- oder Spielzimmer

Benötigtes Material
Kein besonderes Material
erforderlich

Das Leben ist ein Schauspiel, und eine gute Geschichte ist der Kern fast jeden befriedigenden Gesprächs. In diesem Spiel setzen Sie den ganzen Körper ein, um sich mimisch mitzuteilen.

So geht es

1. Bereiten Sie fünf Pantomimen typischer familiärer Situationen vor:

- Jemand stochert lustlos in seinem Essen herum und zeigt sein Unbehagen, indem er sich leicht schüttelt und den Bauch hält.
- Jemand pflückt Blumen, riecht an ihnen und stellt sie in eine Vase.
- Jemand schüttelt sein Kopfkissen auf und schläft dann ein.
- Jemand nimmt ein Baby aus der Wiege und füttert es.
- Jemand nimmt eine Banane aus einem Obstkorb, schält und ißt sie.

2. Die Kinder oder Familienmitglieder kommen zusammen. Sagen Sie ihnen, daß Sie ihnen vorspielen wollen, was irgend jemand tun könnte, und daß sie erraten sollen, was da gerade passiert.

3. Dann führen Sie Ihre Pantomime vor und bitten die Kinder, die Situation zu erklären.

4. Wenn Sie alle vorbereiteten Pantomimen vorgeführt haben, sind die Kinder bzw. Familienmitglieder an der Reihe, sich etwas auszudenken, was sie den anderen vorspielen können.

Und so geht's weiter

Steigern Sie den Schwierigkeitsgrad, indem Sie komplexere Situationen vorführen. Anstatt Ihre Pantomimen nur im Sitzen vorzuführen, stehen Sie auf und beziehen den ganzen zur Verfügung stehenden Raum mit ein: Öffnen Sie Türen und Fenster, klettern Sie eine Leiter hoch, spielen Sie Fangen, rudern Sie oder führen Sie typische Familiensituationen vor.

• Kündigen Sie den Kindern einen bestimmten Handlungstypus an, und bitten Sie sie dann, die genaueren Umstände zu ergründen, z. B. so: *Also, ich werde jetzt etwas essen. Ratet mal, was ich esse!* Sie essen pantomimisch eine Banane, und nachdem die Kinder es erraten haben, essen Sie eine Orange, dann ein gekochtes Ei, einen Müsliriegel, eine Schüssel Haferflocken oder lutschen einen Dauerlutscher.

Ich mach' es vor,
Ihr macht es nach!

| 4 – 8 Jahre | **Ort** |
| Spielzimmer |

Schlüsselwörter
Namen
Gruppe, Familie
freiwillig
nachmachen

Benötigtes Material
Kein besonderes Material
erforderlich

Für schüchterne Kinder ist es meist unangenehm, im Mittelpunkt der allgemeinen Aufmerksamkeit zu stehen. Wenn Sie merken, daß sich ein Kind sehr scheu verhält oder sich schämt, erlauben Sie ihm/ihr, im Kreis zu bleiben, wenn er/sie an der Reihe ist.

So geht es

1. Die Kinder halten sich an den Händen und bilden im Stehen einen großen Kreis. Dann erzählen Sie ihnen, daß sie ein Spiel vorstellen wollen, bei dem es auch um den Namen geht. Jemand soll sich in die Kreismitte stellen und sagen:

Ich heiße …
Ach, schaut mir zu
und macht mir nach,
was ich nun tu'!

Dann soll das Kind einfache Körperbewegungen vorführen, z.B. mit den Armen Flügelbewegungen wie ein Vogel machen. Dann sollen alle antworten:

Hallo, … ,
wir tun's wie du.

Und schließlich ahmt die ganze Gruppe die Bewegungen des Kindes nach.

2. Machen Sie freiwillig den Anfang: Nennen Sie Ihren Namen, und bewegen Sie dann Ihre Hände, den Körper oder die Füße. Sie können z.B. mit Ihren Armen Kreisbewegungen machen, in die Hände klatschen oder sich auf der Stelle drehen.

3. Machen Sie den Kindern klar, daß sie etwas vorführen sollen, was die anderen mitmachen können.

Und so geht's weiter

Wenn Sie die Übung schwieriger gestalten wollen, lassen Sie Kinder, die sich freiwillig gemeldet haben, die Bewegungen von zwei oder auch mehr Körperteilen kombinieren, z.B. in die Hände klatschen und sich dabei drehen. Versuchen Sie es auch mit so schwierigen Bewegungsabläufen wie Tanzschritten.

Unsere Galerie

5–9 Jahre

Schlüsselwörter
Gruppe, Familie
zusammengehören
besonders
gleich
Bild

Ort
Bastelzimmer- bzw. Werkraum
Gruppen- bzw. Klassenzimmer

Benötigtes Material
- Ein breiter Streifen
  Packpapier
- Buntstifte
- Klebeband oder Heft-
  klammern
- Ausstellungsmöglichkeiten

Wenn Sie jedem Kreis die gleiche Größe geben, schaffen Sie eine Basis für ein Gefühl der Gruppenzugehörigkeit. Lassen Sie Raum für persönliche Gestaltung, um die Individualität jedes einzelnen in der Gruppe hervorzuheben.

So geht es

1. Zeichnen Sie eine Reihe von möglichst identischen Kreisen auf einen breiten Streifen Packpapier: einen für jedes Kind und einen für Sie.

2. Nun sollen die Kinder in ihren Kreis ein Bild von sich selbst zeichnen. Machen Sie es Ihnen am Beispiel Ihres Kreises vor.

3. Schreiben Sie unter jedes Bild den Namen des Kindes.

4. Die Kinder dürfen das Papier noch weitergestalten, solange die Bilder deutlich sichtbar bleiben.

5. Befestigen Sie die „Galerie" mit Klebeband an der Wand.

6. Weisen Sie die Kinder auf Ähnlichkeiten und Unterschiede zwischen den Bildern hin. Einige haben blondes Haar, andere dagegen braunes oder schwarzes. Einige (vielleicht sogar alle) Gesichter lächeln. Fordern Sie die Kinder auf zu kommentieren, was sie sehen. Betonen Sie die Einzigartigkeit jedes Kindes.

Und so geht's weiter

Die Kinder können ihr Selbstporträt auf einen eigenen Bogen Tonpapier zeichnen. Wenn Sie das Spiel mit Familienmitgliedern und ohne Freund/innen machen, haben Sie hinterher eine schöne „Familiengalerie".

Eine geheimnisvolle Person

| 5–9 Jahre | Ort |

Ort
Wohn- oder Spielzimmer

Schlüsselwörter
einzeln
vertraut sein
raten
Hinweise

Benötigtes Material
Kein besonderes Material
erforderlich

Bei diesem Spiel sind die Kinder allein auf sprachliche Hinweise angewiesen, um die fragliche Person zu erraten. Ein wichtiges Element jeder Freundschaft ist es, über den anderen etwas zu wissen. Sie können das Spiel mit befreundeten Kindern oder auch mit Ihren eigenen Kindern spielen. In diesem Fall können entfernte Familienangehörige zu den „geheimnisvollen Personen" gehören.

So geht es

1. Sagen Sie den Kindern, daß Sie an jemanden von ihnen denken, und sie sollen raten, wer das wohl ist. Bieten Sie ihnen einige Hinweise an, mit deren Hilfe sie die Person erraten können.

2. Wählen Sie sich selbst als erste Person aus, die erraten werden soll. Bleiben Sie am Anfang bei allgemeineren Beschreibungen, ehe Sie dann später auf Besonderheiten eingehen. Die Kinder heben eine Hand, wenn sie glauben zu wissen, wer gemeint ist.
(Wenn sich z.B. der Autor dieses Buches selbst beschreiben sollte, so würde er wahrscheinlich folgendes sagen: *Die Person spielt gern mit Puppen … sie mag Märchen … sie ist Lehrer … sie ist groß und trägt einen Bart … sie hat eine Glatze.*)

3. Setzen Sie das Spiel fort, indem Sie sich ein Kind aus der Gruppe aussuchen, zu dem Sie den Kindern Hinweise geben.

4. Nach mehreren Runden meldet sich sicherlich ein Kind, um auch an jemanden zu denken und den anderen Hinweise zu geben.

Und so geht's weiter

Machen Sie die Übung schwieriger, indem Sie handlungsbezogene Hinweise *(jemand, der gern im Sandkasten spielt)* oder abstrakte Hinweise *(jemand, der sowohl zwei Brüder als auch zwei Schwestern hat)* geben.

Die Kleidung, die Du trägst

5–9 Jahre

Schlüsselwörter
einzeln
Gruppe
genau anschauen
Einzelheiten
wichtig

Ort
Spielzimmer

Benötigtes Material
Kein besonderes Material
erforderlich

Bei diesem Spiel haben die Kinder die Gelegenheit, die anderen nicht einfach nur anzusehen, sondern sie genau zu betrachten. Das steigert ihre Aufmerksamkeit, und sie können auch die Details sehen, die einen Menschen ausmachen.

So geht es

1. Sprechen Sie mit den Kindern darüber, wie wichtig jedes einzelne ist. Ein einzelnes Kind fühlt sich in der Gemeinschaft wohl, wenn es von den anderen als eigene Person wahrgenommen wird. Sagen Sie den Kindern, daß Sie mit ihnen ein Spiel machen wollen, in dem es um die Kleidung geht.

2. Stellen Sie sich hin, und fordern Sie die Kinder auf, Sie genau zu betrachten. Nach ein paar Minuten bitten Sie sie, daß sie auf Sie warten, während Sie Änderungen an Ihrem Äußeren vornehmen.

3. Verlassen Sie das Zimmer (oder bitten Sie die Kinder, die Augen zu schließen), und nehmen Sie eine auffällige Änderung an Ihrem Äußeren vor, z.B. indem Sie sich Ihre Schuhe ausziehen, die Brille abnehmen oder einen Hut aufsetzen.

Wenn Sie wieder vor die Kinder treten, sollen diese überlegen, was Sie verändert haben.

4. Wenn Sie die Kinder ein wenig mehr fordern wollen, nehmen Sie subtilere Änderungen vor, z.B. indem Sie Ihre Uhr vom linken auf den rechten Arm wechseln lassen, ein Schuhband öffnen oder ein kleines Schmuckstück entfernen. Geben Sie kleine Hinweise, wenn die Kinder keinen Unterschied entdecken können.

5. Ermuntern Sie die Kinder, sich selbst einmal in den Mittelpunkt der Aufmerksamkeit zu stellen. Machen Sie Kindern, die sich freiwillig gemeldet haben, Vorschläge für Änderungen des Äußeren, wenn sie selbst nicht genau wissen, was sie tun sollen.

Und so geht's weiter

Versuchen Sie es mit einer Änderung des Gesichtsausdrucks oder der Körperhaltung.

Seltsame Stimmen

5–9 Jahre

Schlüsselwörter
Namen
Stimme
raten

Ort
Spielzimmer
Wohnzimmer

Benötigtes Material
Toncassette und Recorder

Dieses Spiel ist für befreundete Kinder ebenso geeignet wie für erwachsene Familienangehörige.

So geht es

1. Bitten Sie die Kinder einzeln an einen ruhigen Ort, wo Sie ihre Stimme aufnehmen können. Nehmen Sie von allen (und auch von Ihnen selbst) die gleichen Sätze auf, z.B. *Ich mag dich* oder *Weißt du, wie ich heiße?*.

2. Wenn Sie alle Stimmen auf Band haben, spielen sie es den Kindern vor. Sie sollen versuchen herauszufinden, wessen Stimme sie jeweils gerade hören. Spielen Sie das Band später noch einmal gesondert den Kindern vor, die sich ungern in einer großen Gruppe zu Wort melden.

Und so geht's weiter

Stellen Sie den Recorder mit der Cassette auf einen Tisch, legen Sie Fotos aller Gruppenmitglieder dazu. Die Kinder können die Fotos den Stimmen zuordnen.
• Erschweren Sie die Übung, indem Sie von den Kindern erst nur Stimmgeräusche aufnehmen, z.B. *hmmmm* oder *aaaah*. Danach sagen sie ein Wort und erst dann einen Satz.

Kapitel 2

Und was fühlst Du?

Irgenwann einmal ist jeder wütend, verängstigt oder traurig. Solche Gefühle sind oft erschreckend. Die Heftigkeit starker Gefühle kann unser Denken negativ beeinflussen. In solchen Momenten fühlen wir uns aus der Bahn geworfen und stark gefährdet. Mit starken Gefühlen, die zu uns Menschen gehören, umgehen zu können, ist eine der größten Herausforderungen, denen wir uns stellen müssen.

Manche Menschen versuchen, wenn sie älter werden, sich von solchen Gefühlen zu distanzieren. Sie sehen starke emotionale Erlebnisse als Form von Schwäche an. Andere wiederum lassen sich von ihren Gefühlen beherrschen. Sie glauben sich ihnen machtlos ausgeliefert. Einige haben entdeckt, wie sie aus ihren Gefühlen lernen und die Energie solcher Empfindungen positiv einsetzen können, um anderen näherzukommen.

Bildersammlung der Gefühle

Ort
Spielzimmer

Schlüsselwörter
- Grundgefühle:
  Wut
  Traurigkeit
  Furcht/Angst
  fröhlich
- Komplexe Gefühle:
  aufgeregt sein
  Ekel
  Eifersucht
  Mut
  Langeweile
  Liebe

Benötigtes Material
- Eine Auswahl ausgeschnittener Illustriertenfotos, auf denen Kinder oder Erwachsene zu sehen sind, die eine der unter „Schlüsselwörter" aufgelisteten Gefühlsregungen zeigen. Kleben Sie die Bilder auf gleich große Stücke Tonpapier oder auf Karteikarten. Die Bilder sollten auf der Rückseite durchnumeriert werden.
- Klebefolie (um damit die Bilder zu überziehen)

Einige Kinder kennen noch keine passenden Wörter, um ihre Gefühle zu benennen. Sie müssen solche Wörter wie „fröhlich", „traurig", „ärgerlich" und „ängstlich" hören, wenn sie ihre Gefühlsregungen verstehen sollen. Das benötigte Material für dieses Spiel erfordert einige Vorbereitung von Ihnen. Doch unsere „Bildersammlung der Gefühle" ist ein Grundlagenwerkzeug, das Sie für viele Spiele in diesem Kapitel benötigen werden. Bei kleineren Kindern beginnen Sie das Spiel mit den Grundgefühlen und leiten dann, wenn Sie öfter mit den Kindern spielen, Schritt für Schritt zu komplexen Gefühlen über, die schwer zu verstehen sind.

1. Halten Sie eines der Bilder hoch, und fragen Sie die Kinder, was die abgebildete Person empfindet. (Wenn es die Kinder nicht wissen, sagen Sie es ihnen.) Bitten Sie die Kinder, die Bildelemente zu benennen, an denen sie das Gefühl erkannt haben. Machen Sie auf den Gesichtsausdruck und auf andere Besonderheiten der Gesichtszüge aufmerksam, die eine bestimmte Gefühlsregung widerspiegeln.

2. Stellen Sie ein Set von Bildern mit verschiedenen Gefühlen zusammen, wobei jedes einzelne Gefühl mindestens dreimal vertreten sein sollte. Mischen Sie den Stapel, und geben Sie ihn dann einem Kind mit der Aufforderung, zuerst alle Bilder für „traurig" herauszusuchen, dann die für „fröhlich" usw.

3. Breiten Sie mehrere Fotos auf einem Tisch oder dem Fußboden aus, auf denen ein und dasselbe Gefühl ausgedrückt wird, und bitten Sie die Kinder zu sagen, was die abgebildeten Menschen empfinden.

Und so geht's weiter

Schauen Sie sich mit den Kindern die Abbildungen in Bilderbüchern an, auf denen verschiedene Gefühlsregungen zu sehen sind.

Mach ein Gesicht!

3–6 Jahre

Schlüsselwörter
- Grundgefühle:
  Wut
  Traurigkeit
  Furcht/Angst
  fröhlich
- Komplexe Gefühle:
  aufgeregt sein
  Ekel
  Eifersucht
  Mut
  Langeweile
  Liebe

Ort
Spielzimmer

Benötigtes Material
Aus Ihrer „Bildersammlung der Gefühle" jeweils ein Foto mit den Gefühlen, über die Sie sprechen wollen.

Die Fähigkeit, Körpersprache und insbesondere Gesichtsausdrücke richtig zu interpretieren, ist der Schlüssel zum Verständnis der Gefühlsregungen anderer Menschen. Die richtige „Lektüre" eines anderen Menschen stellt einen wichtigen Aspekt des Mitfühlens dar. Das Gesicht und die Augen sind ein Spiegel des Herzens.

So geht es

1. Die Kinder sollen ein Bild nach dem anderen anschauen und sagen, ob sie sich vorstellen können, was die abgebildete Person gerade empfindet. Wenn sie damit fertig sind, stellen Sie die Bilder so auf, daß alle Kinder sie sehen können.

2. Erklären Sie den Kindern, daß Sie nun so tun werden, als würden Sie das gleiche empfinden wie eine der abgebildeten Personen, und daß sie raten sollen, was Sie empfinden. Machen Sie nun ein Gesicht wie eine der Personen auf den

Bildern. Führen Sie danach noch mehr der abgebildeten Gesichtsausdrücke vor.

3. Legen Sie nun den Schwerpunkt auf die Körpersprache, indem Sie z.B. mit der Faust drohen oder mit dem Fuß aufstampfen, um Wut oder Ärger anzudeuten. Erinnern Sie die Kinder nachdrücklich daran, daß Sie nur so tun, als würden Sie gerade derartig empfinden.

4. Geben Sie den Kindern die Gelegenheit, ebenfalls ein Gefühl vorzuführen. Die anderen Kinder sollen raten, welches Gefühl das Kind, das gerade an der Reihe ist, auszudrücken versucht.

Und so geht's weiter

Wenn Ihre Kinder älter sind, können drei Freiwillige jedesmal ein anderes Gefühl vorführen. Flüstern Sie ihnen ins Ohr, welche Empfindung sie jeweils darstellen sollen (oder zeigen Sie ihnen die entsprechende Bildkarte). Nacheinander führen Sie nun mittels Gesichtsausdruck und Körpersprache ihre Empfindung vor. Die anderen Kinder versuchen, diese zu erraten.

Der einsame Stern

3–6 Jahre	**Ort** Schlaf- oder Spielzimmer

Schlüsselwörter
einsam
traurig

Benötigtes Material
• Ein Apfel pro Kinderpaar
• Ein Obstmesser

Geschichten können sehr schön veranschaulichen, wie Menschen in ihren Empfindungen aufeinander einwirken können. So kann es z.B. geschehen, daß sich jemand nicht mehr so traurig fühlt, wenn er die mitfühlende Zuneigung eines anderen spürt.

So geht es

1. Fragen Sie die Kinder, ob sie wissen, was es bedeutet, einsam zu sein. Sprechen Sie über ihre Vorstellungen.

2. Erzählen Sie ihnen die folgende Geschichte vom „Einsamen Stern". (Halten Sie die Äpfel außer Sichtweite der Kinder.) Sie können die Geschichte nach Ihren Vorstellungen verändern. Gestalten Sie sie beim Erzählen durch Gesten und Bewegungen möglichst dramatisch:

Es war einmal vor langer Zeit, daß der Himmel sehr dunkel in der Nacht war. Kein einziger Stern war zu sehen ... bis auf einen ... einen winzigen Stern. Dieser kleine Stern war ganz allein und fühlte sich sehr einsam so am Himmel. Eines Tages ging dieser einsame Stern einen sehr weisen und sehr alten Mann besuchen, der auf der Erde auf der Spitze eines hohen Berges wohnte. Der einsame Stern fragte den alten

Mann, ob er ihm nicht helfen könne. Und da der alte Mann den kleinen einsamen Stern sehr liebte, und da er sehr weise war, sagte er zu dem kleinen Stern, er werde zwei Dinge tun. Als erstes griff der alte Mann hinter sich und zog einen schönen, glänzenden schwarzen Beutel hervor. Er öffnete ihn, griff hinein und zog eine Handvoll schimmernder, glitzernder Sterne heraus. Und mit einem schwungvollen Wurf erfüllte er den Nachthimmel mit tausend Sternen. „Da", sagte der weise alte Mann, „nun hast du viele Sterne, mit denen du Freundschaft schließen kannst. Aber weil du so einsam warst, werde ich noch etwas für dich tun. Ich werde dir auch auf unserer Erde einen Ort zuweisen, und zwar an einer ganz bestimmten Stelle, so daß dich jeder sehen kann." Er schnippte mit den Fingern, und es geschah, wie er gesagt hatte.
ENDE

3. Fragen Sie die Kinder, ob sie eine Idee haben, wohin der weise alte Mann den traurigen kleinen Stern geschnippt hat. (Nehmen Sie nun die Äpfel hervor.) Dann sagen Sie: *Nun seht, in jedem Apfel ist Platz für einen winzigen Stern. Laßt uns nachsehen, ob wir tatsächlich etwas in diesem Apfel finden, was aussieht wie ein Stern.*

4. Schneiden Sie den Apfel waagerecht in zwei gleich große Hälften. Nehmen Sie eine Hälfte in jede Hand und zeigen Sie den Kindern den „Stern". Halbieren Sie auch die anderen Äpfel, so daß jedes Kind eine Hälfte erhält.

Und so geht's weiter

Diese Geschichte macht auch Sinn, wenn Sie sie nur einem Kind erzählen, etwa als Gute-Nacht-Geschichte.

Traurige Augen

3–6 Jahre	**Ort**
	Wohn- oder Spielzimmer

Schlüsselwörter
traurig

Benötigtes Material
Kein besonderes Material
erforderlich

Kinder werden oft für die Art kritisiert, wie sie ihre Gefühle äußern. „Hör jetzt endlich auf zu heulen!" befiehlt eine Mutter. „Was fällt dir eigentlich ein, so mit mir zu reden?" empört sich ein Vater. Aber wenn man auch Kinder für ihre Art, Gefühle auszudrücken, kritisiert, wird man damit nicht die Gefühle selbst zum Verschwinden bringen. Es ist nicht sinnvoll, einem Kind zu erzählen, was es nicht tun soll. Wenn uns etwas am Verhalten des Kindes mißfällt, dann müssen wir ihm zeigen, wie es mit seinen Gefühlen besser umgehen kann.

So geht es

1. Lesen und spielen Sie den Kindern folgendes Gedicht vor:

Armer, kleiner Junge mit Augen so traurig (zeigen Sie auf Ihre Augen),

ach, seht doch, wie er weint so schaurig (führen Sie das Weinen vor, indem Sie die Augen reiben),

er will damit aufhören, und seht, wie er mit sich ringt (beißen Sie die Zähne zusammen, ziehen Sie eine Grimasse), *doch zu weinen ist o. k., weil's Erleichterung bringt* (nicken Sie zustimmend, während Sie auf Ihre imaginären Tränen deuten).

2. Wiederholen Sie das Gedicht. Die Kinder sollen nun mitmachen, indem sie die Verse mitsprechen und die Bewegungen nachmachen.

3. Fragen Sie die Kinder, ob sie es o. k. finden, wenn Jungen und auch Väter mal weinen. Wie steht's damit bei Mädchen und Müttern? Sprechen Sie mit ihnen über ihre Erinnerung an Zeiten, zu denen sie mal wirklich traurig waren.

Und so geht's weiter

Denken Sie sich selbst kurze Gedichte über Ärger, Furcht und Fröhlichkeit aus, und machen Sie den Kindern nachdrücklich klar, daß es ganz in Ordnung ist, seine Gefühle zu zeigen. Sprechen Sie mit eigenen und befreundeten Kindern über Situationen, in denen sie geweint haben.

Armer Teddy!

Schlüsselwörter
traurig
ärgerlich
ängstlich
fröhlich

Ort
Spielzimmer

Benötigtes Material
Ein weicher, kuscheliger Teddybär oder ein anderes Stofftier oder eine Puppe

Wenn wir mit den Kindern über starke Gefühle sprechen, müssen wir ihnen klarmachen, daß solche Empfindungen zum menschlichen Leben gehören. Ebenso können wir ihnen verschiedene Möglichkeiten zeigen, solche Gefühle so auszudrücken, daß sie uns dem anderen näherbringen und uns helfen, einander zu verstehen. Ehrliche Tränen sind kein Zeichen von Schwäche, sondern von Liebe und Stärke. Dieses Spiel eignet sich für mehrere Kinder, wie hier beschrieben, aber auch für ein einziges.

So geht es

1. Setzen Sie sich den Teddy auf den Schoß. Erfinden Sie eine kurze Geschichte seines bisherigen Lebens. Dann sollten Sie den Kindern klarmachen, daß dies ein ganz besonderer Teddy ist. Er wird ihnen erzählen, wie es ist, wenn man sich traurig, ärgerlich oder ängstlich fühlt. Stellen Sie klare Regeln für den Umgang mit dem Teddy auf (daß er z.B. nicht geworfen werden darf, daß er innerhalb der Räume bleiben soll usw.).

2. Sie können später den Teddy immer dann ins Spiel bringen, wenn Sie einem Ihrer Kinder helfen wollen, das gerade emotional sehr aufgewühlt ist. Es könnte z.B. sein, daß ein Kind sehr traurig ist, weil es sein Stofftier verloren hat. Brin-

gen Sie dann den Teddy ins Spiel, und beginnen Sie mit den Kindern z. B. folgendes Gespräch: *Wir wollen uns vorstellen, daß der Teddy heute sehr traurig ist. Was glaubt ihr, ist ihm passiert?* Ermutigen Sie die Kinder zu beschreiben, was ihm wohl passiert ist. Dann legen Sie Ihr Ohr an Teddys Maul und „lauschen". Am besten beginnen Sie selbst mit der Geschichte, indem Sie den Kindern z. B. eine der folgenden Äußerungen erzählen, die Ihnen der Teddy „zugeflüstert" hat:

Ich muß euch sagen, daß der Teddy heute traurig ist, weil er etwas ganz Besonderes verloren hat.

Der Teddy ist heute sehr ängstlich, weil ihn die großen Jungen aus der Nachbarschaft verhauen wollen.

Der Teddy ärgert sich, weil jemand einen Spielzeuglaster kaputtgemacht hat.

3. Passen Sie Teddys Problem dem des Kindes an, das Sie besonders ansprechen wollen, aber ohne die Situation genau zu übernehmen. Vermeiden Sie unbedingt Beispiele, die die Kinder eher erschrecken als aufklären würden. Die Kinder haben sicherlich mehr davon, wenn sie dem Gespräch zuhören und eigene Vorstellungen beitragen können, als wenn man sie in den Mittelpunkt stellt als jemanden, der gerade ein Problem hat.

4. Die Kinder sollen sich überlegen, wie sie dem Teddy helfen könnten, und ihm dann sagen, wie er mit seinem Problem umgehen soll. Wenn Sie mit der Übung fertig sind, danken Sie den Kindern für ihre Anregungen.

Und so geht's weiter

Sie sollten diese Art von spielerischem Gespräch nicht überstrapazieren. Setzen Sie den Teddy nur dann ein, wenn Sie glauben, daß ein Gespräch über Gefühle das hilfreichste Mittel für Ihren Zweck ist. Auch sollten Sie die Gespräche über Ärger, Furcht und Traurigkeit mit genügend positiven Empfindungen (z. B. freudig erregt sein) ausbalancieren.

Die traurige Frau Fröhlich

4–8 Jahre	**Ort**

Ort
Spielzimmer
Küche

Schlüsselwörter
fröhlich
traurig
Gefühle

Benötigtes Material
- Tassen
- Grassamen
- Blumenerde
- Dicke, wischfeste Filzstifte

Wir benutzen häufig das Wort „machen", wenn wir uns auf den Auslöser von Gefühlen beziehen. Wir sagen z.B.: „Das macht mich traurig (ärgerlich, wütend usw.)." Das Wort „machen" impliziert eine Kraft und unsere Hilflosigkeit ihr gegenüber. Wir können für unsere Gefühle keine Verantwortung übernehmen, wenn uns irgend etwas traurig, ärgerlich, wütend usw. „macht". Gefühle und Empfindungen sind aber sehr stark davon abhängig, wie wir das, was uns widerfährt, wahrnehmen und interpretieren. Zutreffender sind Formulierungen wie: „Ich fühle mich traurig ... ich werde ärgerlich ... ich empfinde Wut, wenn du solche Sachen zu mir sagst." Indem wir auf diese Weise die Verantwortung für unsere Gefühle übernehmen, tun wir einen ersten Schritt, mit dem wir die Kinder dabei unterstützen, selbst die Verantwortung für die eigenen Gefühle zu übernehmen. Sie können „Die traurige Frau Fröhlich" mit einem Kind basteln, wie hier beschrieben, oder auch mit mehreren.

So geht es

1. Sprechen Sie mit Ihrem Kind darüber, wie es ist, sich traurig zu fühlen oder fröhlich zu sein. Betonen Sie, daß sich

jeder Mensch manchmal traurig fühlt und manchmal fröhlich ist. Dann beginnen Sie, die „traurige Frau Fröhlich" zu basteln.

2. Geben Sie Ihrem Kind eine Tasse und einen dicken Filzstift, und bitten Sie es, auf die vordere Seite der Tasse ein fröhliches Gesicht und auf die hintere Seite ein trauriges Gesicht zu malen.

3. Wenn das Kind damit fertig ist, helfen Sie ihm dabei, die Tassen zu vier Fünfteln mit Blumenerde zu füllen. Dann wird darauf der Grassamen gestreut und mit einer dünnen Schicht Erde bedeckt. Die Tasse wird ein wenig gewässert und auf eine Fensterbank gestellt, die indirektes Licht bekommt. Ihr Kind kann seine Tasse so hinstellen, daß enweder das fröhliche oder das traurige Gesicht zu sehen ist.

4. Wenn das Gras wächst, kann Ihr Kind dem „Haar" die gewünschte Frisur schneiden.

5. Fragen Sie Ihr Kind, was es glaubt, warum Frau Fröhlich sich traurig fühlt oder eben fröhlich ist.

Und so geht's weiter

Sie können auch die fröhliche Frau Ärgerlich oder den mutigen Herrn Ängstlich basteln.

Wir teilen ein Gefühl

4–8 Jahre

Ort
Spielzimmer

Schlüsselwörter
Gefühl
fröhlich
traurig
ärgerlich
ängstlich

Benötigtes Material
• Ggf. neue Bilder, die einfache Gefühle ausdrücken, zur Ergänzung der „Bildersammlung der Gefühle"
• Ein großer Bogen Papier
• Schere

Häufig stellen wir Vermutungen über die Gefühle von jemandem an, indem wir ihn beobachten und nach äußeren Anzeichen suchen. Tränen allein aber können sowohl Freude als auch Traurigkeit signalisieren. Erst wenn wir zusätzlich bemerken, daß die Haltung gebeugt und die Augen niedergeschlagen sind, können wir sicher sein, daß die besagte Person traurig ist. Wenn die Kinder die „Bildersammlung der Gefühle" noch nicht kennen, können Sie auch diese verwenden.

So geht es

1. Schneiden Sie in die Mitte des Papierbogens einen Schlitz, der etwas breiter ist als die neuen Bilder für die „Bildersammlung der Gefühle".

2. Wenn sich die Kinder versammelt haben, schlagen Sie ihnen ein kleines Ratespiel mit den neuen Bildern vor. Schieben Sie eines der Bilder, die die Kinder vorher nicht sehen dürfen, langsam von hinten durch den Schlitz, so daß nur ein kleiner Teil der oberen Hälfte sichtbar wird. Nun sollen sie

raten, wie sich die abgebildete Person fühlt. Zeigen Sie etwas mehr von dem Bild, und lassen Sie die Kinder wieder raten. Nach und nach können Sie das ganze Bild zeigen.

3. Machen Sie das gleiche mit einem anderen Bild. Hier aber fangen sie mit dem unteren Teil an.

Und so geht's weiter

Anstelle eines Schlitzes können auch Gucklöcher verschiedener Größe in mehrere Bögen Papier geschnitten werden. Legen Sie die Bögen übereinander auf das Ratebild, wobei der Bogen mit dem kleinsten Guckloch oben liegen soll. Lassen Sie nun die Kinder raten, wie sich die abgebildete Person fühlt. Nehmen Sie dann einen Bogen nach dem anderen weg, so daß nach und nach mehr von dem Bild sichtbar wird.

Ist sie fröhlich, ist sie traurig?

4–8 Jahre

Ort
Spiel- bzw. Wohnzimmer

Schlüsselwörter
Gefühl
fröhlich
traurig
ärgerlich
ängstlich

Benötigtes Material
- Für jedes Kind zwei Pappteller
- Heftklammern
- Eine Auswahl an Bastelmaterialien (Klebstoff, Tonpapier, Buntstifte, Farbe usw.)

Sie sollten nicht den Eindruck erwecken, daß es auf die Situationen, die Sie den Kindern vorstellen, „richtige" oder „falsche" Reaktionen gibt. Auch wenn es Ihnen selbst als klar erscheint, wie man auf eine bestimmte Situation reagiert, sollten Sie bedenken, daß sich die Reaktionen anderer Menschen nicht so einfach vorhersehen lassen. Was empfindet ein Kind, dessen Spielzeug von einem anderem Kind kaputt gemacht wurde? Ist es ärgerlich? Traurig? Oder beides? Sie können dieses Spiel ebenso mit Freund/inn/en ihres Kindes wie auch mit der ganzen Familie spielen.

So geht es

1. Geben Sie jedem Kind zwei Pappteller mit der Bitte, auf den einen ein fröhliches und auf den anderen ein trauriges Gesicht zu zeichnen.

2. Bitten Sie die Kinder, zuerst das fröhliche Gesicht hochzuhalten und dann das traurige. Sagen Sie ihnen, daß Sie mit ihnen gemeinsam herausfinden wollen, wie sich eine Person in einer bestimmten Situation fühlt.

3. Schildern Sie ihnen beispielsweise die folgenden Situationen. Fragen Sie dann jedesmal: *Wie fühlt sich diese Person? Ist sie fröhlich oder traurig? Zeigt mir entweder das fröhliche oder das traurige Gesicht.*

Diese Person liebt Eiskrem. Nach dem Abendessen überrascht ihre Mutter sie mit einem leckeren Schokoladeneis als Nachtisch.

Diese Person wird von ihrem Vater liebevoll und zärtlich umarmt.

Der Lieblingslastwagen dieser Person ist zu Boden gefallen und in tausend Stücke zersprungen.

Als diese Person von der Schule nach Hause kam, erfuhr sie von ihrer Mutter, daß ihr Hund Bello krank ist.

4. Denken Sie sich weitere beispielhafte Situationen aus, mit denen die Kinder vertraut sind.

Und so geht's weiter

Lassen Sie die Kinder auf anderen Papptellern Gesichter mit den Gefühlen „ärgerlich" und „ängstlich" zeichnen. Spielen Sie mit ihnen dann Situationen durch, auf die eine Person „fröhlich" oder „ärgerlich" bzw. „fröhlich" oder „ängstlich" reagiert.

- Es wird schwieriger für die Kinder, wenn Sie sich Beispiele ausdenken, in denen eine Person „traurig" oder „ärgerlich" bzw. „ärgerlich" oder „ängstlich" reagieren kann. Bei älteren Kindern sollten sie hervorheben, daß bei bestimmten Situationen manche Menschen traurig, andere wiederum ärgerlich reagieren.

- Bitten Sie die Kinder, ihre Augen zu schließen und sich die Situation vorzustellen, die Sie gerade schildern. Erst wenn sie dann ihre Entscheidung treffen sollen, können sie die Augen wieder öffnen. Auf diese Weise verhindern Sie, daß die Kinder bei ihrer Entscheidung von Ihren Gesten etc. beeinflußt werden.

Ein Gefühl ist anders

4–8 Jahre

Schlüsselwörter
- Grundgefühle:
  Ärger
  Traurigkeit
  Furcht/ängstlich
  fröhlich
- Komplexe Gefühle:
  Eifersucht

Mut
Langeweile
Liebe

Ort
Spielzimmer

Benötigtes Material
- Bildersammlung der Gefühle
- Große Bögen Papier
- Filzstifte

Jedes Gefühl ist der natürliche Ausdruck dessen, was wir für richtig halten. Gefühle haben mit dem zu tun, was wir denken. Es gibt keine unvernünftigen, irrationalen Gefühle, sondern nur unvernünftige, irrationale Vorstellungen. Wenn wir glauben, daß etwas gefährlich ist, dann empfinden wir echte Angst, selbst wenn dem nicht so ist.

So geht es

1. Teilen Sie einen großen Papierbogen durch einen senkrechten und einen waagerechten Strich in vier gleich große Rechtecke ein. In drei davon legen Sie jeweils ein Bild aus der „Bildersammlung der Gefühle". Während diese Dreiergruppe dasselbe Gefühl darstellen soll, wird in das vierte Rechteck ein Bild gelegt, das ein deutlich anderes Gefühl ausdrückt (siehe Abbildung).

2. Sagen Sie den Kindern, daß drei der Bilder auf ein und dasselbe Gefühl verweisen, während ein viertes ein völlig ande-

res Gefühl ausdrückt. Die Kinder sollen nun dieses abweichende Bild herausfinden. Halten Sie dann dieses Bild hoch, und fragen Sie die Kinder: *Was empfindet diese Person?* Wenn ein Kind geantwortet hat, nehmen Sie die drei anderen Bilder und fragen: *Und wie fühlen sich diese Menschen?*

3. Wenn die Kinder die Gefühle nicht eindeutig benennen können, nehmen Sie die Dreiergruppe und sagen beispielsweise: *Diese Menschen sind fröhlich. Schaut euch das Lächeln auf ihren Gesichtern an. Sie sind wirklich fröhlich. Und nun seht diese Person hier.* (Zeigen Sie nun das vierte Bild.) *Sie ist traurig. Sie hat herabhängende Mundwinkel und Tränen in den Augen. Diese Person ist traurig.*

4. Merken Sie sich, welche Gefühle die Kinder nicht eindeutig identifizieren konnten. Gehen Sie im weiteren Gespräch dann genauer darauf ein.

5. Wiederholen Sie die Übung mit anderen Beispielen. Gestalten Sie sie möglichst spielerisch.

Und so geht's weiter

Auch wenn Ihnen die Antworten offensichtlich zu sein scheinen, sollten Sie immer im Hinterkopf behalten, daß solche Situationen durchaus nicht eindeutig sind und es keine „richtigen" Antworten gibt. Die Kinder sollten versuchen, Gründe für ihre Entscheidungen anzugeben.

Manchmal bin ich fröhlich

| 4–8 Jahre | **Ort** |
| | Wohn- oder Spielzimmer |

Schlüsselwörter **Benötigtes Material**
fröhlich Kein besonderes Material
aufgeregt erforderlich

Glück empfinden wir, wenn wir z. B. glauben, daß uns sehr Schönes widerfahren ist. Diese Glücksgefühle geben uns die Kraft, uns neuen Anforderungen zu stellen. Die folgenden Spiele können Sie mit einem Kind allein, zusammen mit dessen Freund/inn/en oder auch mit – auch erwachsenen – Familienmitgliedern spielen.

So geht es

1. Bitten Sie die Kinder zu schildern, was für sie „fröhlich" bzw. „glücklich" bedeutet. Erzählen Sie den Kindern eine (wahre) Geschichte aus Ihrer Kindheit, als Sie einmal besonders fröhlich/glücklich waren. Schildern Sie eine Situation, die auch ein Kind aus Ihrer Gruppe erlebt haben könnte. Welche körperlichen Empfindungen haben Sie dabei gehabt? Haben Sie immerzu lächeln müssen oder vor Freude gar gezittert? Haben Sie Herzklopfen gehabt? Was hat Ihnen so viel Freude bereitet? Was haben Sie dann getan?

2. Die Kinder sollen nacheinander erzählen, wann sie einmal besonders fröhlich/glücklich waren.

3. Bringen Sie den Kindern folgendes Gedicht bei:

Immer wenn ich fröhlich bin
(lächeln),

schau' ich freudig in die Welt hinein
(die Augen werden mit einer Hand beschirmt, um „sehen" anzudeuten),

eine Umarmung für dich, eine für mich
(auf die anderen deuten, dann sich selbst umarmen),

lächelnde Gesichter sind wie Sonnenschein
(die Hände ausstrecken).

4. Stellen Sie den Kindern folgende Fragen:

Welche Dinge gibt es, die Kinder glücklich machen?

Welche Möglichkeiten gibt es, anderen zu helfen, daß sie glücklich sind?

Und so geht's weiter

Ältere Kinder können ein Bild zeichnen oder eine Geschichte schreiben über eine Situation, in der sie besonders glücklich waren.

Manchmal bin ich traurig

4–8 Jahre

Schlüsselwörter
traurig
einsam
weinen
Kummer
Verlust

Ort
Wohn- oder Spielzimmer

Benötigtes Material
Kein besonderes Material
erforderlich

Trauer empfinden wir, wenn wir z. B. glauben, einen unersetzbaren Verlust erlitten zu haben. Es gibt dann erstmal nichts mehr, was uns das Leben lebenswert erscheinen läßt. Ein Kind weint, wenn es seinen Teddy verloren hat oder der geliebte Hund gestorben ist. Trauern bedeutet, mit einem Verlust klarzukommen, indem man ein neues Ich ohne die geliebte Person bzw. ohne den geliebten Gegenstand aufbaut.

So geht es

1. Bitten Sie die Kinder zu schildern, was für sie „traurig" bedeutet. Erzählen Sie den Kindern eine (wahre) Geschichte aus Ihrer Kindheit, als Sie einmal sehr traurig waren. Schildern Sie eine Situation, die so ein Kind aus Ihrer Gruppe erlebt haben könnte. Welche körperlicher Empfindungen haben Sie dabei gehabt? Haben Sie sich hundeelend gefühlt oder vor Schmerz gar gezittert? Haben Sie immerzu weinen müssen? Welchen unwiederbringlichen Verlust glaubten Sie erleiden zu müssen? Was haben Sie dann getan?

2. Die Kinder sollen nacheinander erzählen, wann sie einmal besonders traurig waren.

3. Bringen Sie den Kindern folgendes Gedicht bei:

Manchmal wenn ich traurig bin
(ein trauriges Gesicht machen),

muß ich weinen, heulen, schrei'n
(mit den Fingern Tränen andeuten),

dann brauch' ich Trost von Mutti und Vati
(sich selbst umarmen),

und sie singen mich in den Schlaf hinein
(die Arme wiegen).

4. Stellen Sie den Kindern folgende Fragen:

Welche Dinge gibt es, die Kinder traurig machen?

Was können wir tun, wenn wir traurig sind?

5. Sprechen Sie mit den Kindern darüber, wie man damit klarkommen kann, wenn man über etwas sehr, sehr traurig ist, beispielsweise über einen Verlust. Zeigen Sie verschiedene Möglichkeiten der Problemlösung auf: mit jemandem darüber sprechen, einen Ersatz finden, etwas Wichtiges dazulernen u. ä. Gehen Sie in Ihren Vorschlägen auf das ein, was Ihnen die Kinder erzählen.

Und so geht's weiter

Ältere Kinder können ein Bild zeichnen oder eine Geschichte schreiben über eine Situation, in der sie besonders traurig waren.

Manchmal bin ich ängstlich

| 4 – 8 Jahre | **Ort** |

Schlüsselwörter
Angst
ängstlich
angsteinflößend
Alpträume
Gefahr
Mut

Ort
Wohn- oder Spielzimmer

Benötigtes Material
Kein besonderes Material
erforderlich

Furcht empfinden wir, wenn wir z.B. glauben, bedroht oder in Gefahr zu sein. Furcht gibt uns die Kraft, einer Gefahr zu entgehen oder sie zu bezwingen.

So geht es

1. Bitten Sie die Kinder zu schildern, was für sie „verängstigt sein" bedeutet. Nennen Sie mehrere Wörter für „Furcht". Erzählen Sie den Kindern eine (wahre) Geschichte aus Ihrer Kindheit, als Sie einmal sehr ängstlich und erschrocken waren. Schildern Sie eine Situation, die so ein Kind aus Ihrer Gruppe erlebt haben könnte. Welche körperlichen Empfindungen haben Sie dabei gehabt? Haben Sie sich hundeelend gefühlt oder vor Angst gar gezittert? Haben Sie feuchte Hände bekommen? Haben Sie Herzklopfen gehabt? In welche Gefahr glaubten Sie geraten zu sein? Was haben Sie dann getan?

2. Die Kinder sollen nacheinander erzählen, wann sie einmal besonders ängstlich und erschrocken waren.

3. Bringen Sie den Kindern folgendes Gedicht bei:

Manchmal wenn ich ängstlich bin
(ein erschrockenes Gesicht machen),

sehe ich überall Gefahren
(sich verängstigt umschauen),

dann will ich mich nur noch verkriechen
(die Hände über den Kopf legen),

könnt ihr mir helfen und mich davor bewahren
(auf die anderen zeigen)?

4. Stellen Sie den Kindern in Ihrer Gruppe folgende Fragen:

Welche Dinge gibt es, die Kinder ängstlich und erschrocken machen?

Was können wir tun, wenn wir Angst haben?

5. Sprechen Sie mit den Kindern darüber, wie sie mit einer Situation klarkommen können, in der sie sich in Gefahr glauben. Zeigen Sie verschiedene Möglichkeiten der Problemlösung auf: mit jemandem über die Ängste sprechen, eine Gefahr vermeiden oder bezwingen, etwas Wichtiges dazulernen. Gehen Sie in Ihren Vorschlägen auf das ein, was Ihnen die Kinder erzählen.

Und so geht's weiter

Ältere Kinder können ein Bild zeichnen oder eine Geschichte schreiben über eine Situation, in der sie Angst hatten.

Manchmal bin ich wütend

4 – 8 Jahre	**Ort** Wohn- oder Spielzimmer

Schlüsselwörter
Ärger
wütend sein
enttäuscht

Benötigtes Material
Kein besonderes Material
erforderlich

Ärger empfinden wir, wenn wir z.B. glauben, daß uns irgend etwas im Weg steht, das uns hindert, ein bestimmtes Ziel zu erreichen. Ärger gibt uns die Kraft, unsere Enttäuschung zu überwinden.

So geht es

1. Bitten Sie die Kinder zu schildern, was für sie „wütend sein" bedeutet. Nennen Sie mehrere Wörter für Ärger. Erzählen Sie den Kindern eine (wahre) Geschichte aus Ihrer Kindheit, als Sie einmal sehr ärgerlich waren. Schildern Sie eine Situation, die so ein Kind aus Ihrer Gruppe erlebt haben könnte. Welche körperlichen Empfindungen haben Sie dabei gehabt? Haben Sie mit den Zähnen geknirscht oder die Fäuste geballt? Haben Sie feuchte Hände oder einen zornesroten Kopf bekommen? Haben Sie Herzklopfen gehabt, oder haben Sie am ganzen Leib vor Wut gezittert? Was hat Ihre Ziele gefährdet? Was haben Sie getan?

2. Die Kinder sollen nacheinander erzählen, wann sie einmal besonders wütend waren.

3. Bringen Sie den Kindern folgendes Gedicht bei:

Manchmal wenn ich sauer bin
(ein wütendes Gesicht machen),

kocht mir fast der Kopf vor Wut
(dem Gesicht Luft zufächern),

dann tobe ich und schreie rum
(mit geballten Fäusten auf sich selbst deuten),

doch dann vertrage ich mich
und alles ist wieder gut
(Fäuste öffnen und dann die Hände und den Kopf schütteln).

4. Stellen Sie den Kindern in Ihrer Gruppe folgende Fragen:

Welche Dinge gibt es, die Kinder böse und wütend machen?

Was können wir tun, wenn wir uns ärgern?

5. Sprechen Sie mit den Kindern darüber, wie sie damit klarkommen können, wenn sie an etwas gehindert oder von etwas enttäuscht werden. Zeigen Sie verschiedene Möglichkeiten der Problemlösung auf: über die Wut reden, einen Erwachsenen fragen, das Problem lösen oder vermeiden, etwas Wichtiges dazulernen. Gehen Sie in Ihren Vorschlägen auf das ein, was Ihnen die Kinder erzählen.

Und so geht's weiter

Ältere Kinder können ein Bild zeichnen oder eine Geschichte schreiben über eine Situation, in der sie wütend oder enttäuscht waren.

Klingende Gefühle

5–9 Jahre

Ort
Wohn- oder Spielzimmer

Schlüsselwörter
Ärger
Traurigkeit
Angst
Fröhlichkeit/Freude

Benötigtes Material
• Cassettenrecorder
• Toncassette
• „Bildersammlung der Gefühle"

In diesem Spiel ist es wichtig, daß die Kinder keine visuellen Hinweise erhalten, auch wenn ihnen dies bei ihren Entscheidungen vermutlich Schwierigkeiten bereiten wird. Konzentrieren Sie die Arbeit ausschließlich auf Klänge, Töne und Geräusche, damit die Kinder lernen, auch daraus Schlüsse zu ziehen.

So geht es

1. Nehmen Sie jedes der o. g. Gefühle auf Band auf, indem Sie jeweils mit einem bestimmten Tonfall sprechen. Wählen Sie kurze Sätze, wie z. B. *Hallo, liebe Kinder!*, und sprechen Sie sie traurig, fröhlich, ärgerlich und ängstlich. Wiederholen Sie dies mit einer anderen kurzen Äußerung, und ändern Sie diesmal die Reihenfolge der Gefühle. Machen Sie das gleiche mit einzelnen Wörtern wie „ja". Dann wechseln Sie zu einzelnen Lauten über, z. B. einem summenden, brummenden Geräusch, das für jedes Gefühl entsprechend wiederholt wird.

2. Wenn Sie mit den Kindern im Sitzkreis versammelt sind, stellen Sie vier Bilder aus der „Bildersammlung der Gefühle",

die die vier Grundgefühle Wut, Trauer, Angst, Glück zeigen, nebeneinander und für alle sichtbar auf. Spielen Sie vom Band eine Äußerung vor, und lassen Sie die Kinder raten, um welches Gefühl es sich hier handelt. Verraten Sie es dann den Kindern und setzen Sie das Ratespiel fort.

Und so geht's weiter

Fordern Sie die Kinder auf, selbst Geräusche zu machen und dabei verschiedene Gefühle auszudrücken. Raten Sie dann mit den anderen Kindern, welches Gefühl jeweils gemeint war. Möglicherweise sollten die Kinder bei diesem Spiel Rücken an Rücken sitzen, um alle etwaigen visuellen Hinweise wirklich auszuschließen.

Stimmungsvolle Geschichten

5–9 Jahre

Schlüsselwörter
fröhlich
traurig
wütend
ängstlich

Ort
Spielzimmer

Benötigtes Material
• Papier
• Buntstifte

Die bedeutendsten und dramatischsten Augenblicke unseres Lebens zeichnen sich durch besonders starke Gefühlsempfindungen aus. Bei Geschichten sind Stimmungswechsel die entscheidenden Mittel, um Spannung zu erzeugen und Interesse für den Fortgang der Erzählung zu wecken.

So geht es

1. Überlegen Sie sich eine bestimmte Abfolge von Stimmungen, die einander in Ihrer Geschichte ablösen sollen. In unserem Beispiel ist es fröhlich-traurig-fröhlich-ängstlich-ärgerlich-fröhlich.

2. Beginnen Sie folgende Geschichte, und bitten Sie die Kinder, Ihnen bei der Fortsetzung zu helfen:

Es war einmal ein Mädchen namens Annabella, das genau so alt war wie ihr. Eines Tages war Annabella so richtig glücklich über eine Sache, die sich ereignet hatte. Was glaubt ihr, war das wohl?

3. Die Kinder können nun Vermutungen darüber anstellen, welches Ereignis Annabella so fröhlich stimmte. Bauen Sie

ihre Vorschläge in Ihre Geschichte ein, und leiten Sie zur nächsten Stimmung über, z.B. so:

Ja, in der Tat, ihre Mutti und ihr Vati, also die Königin und der König, hatten ihr einen wunderschönen, kleinen Hund geschenkt, der langes, braunes Fell und große, treue Augen hatte. Sie nannte ihn Purzel. Unsere kleine Prinzessin Annabella und ihr süßer Hund Purzel erlebten dann ... (schildern Sie, was die beiden gemeinsam erlebten). *Dann passierte aber etwas sehr Trauriges. Was glaubt ihr, ist wohl geschehen?*

4. Hören Sie sich wiederum die Vermutungen der Kinder an, und bauen Sie einen geeigneten Vorschlag in Ihre Geschichte ein, um dann zum nächsten Stimmungswechsel überzuleiten. Machen Sie so weiter, bis Ihre Geschichte an ein glückliches Ende gelangt ist.

5. Ermuntern Sie die Kinder, zu jedem Teil der Geschichte ein kleines Bild zu zeichnen. Hängen Sie dann die Bilder an der Wand auf.

Und so geht's weiter

Wenn Sie Ihre Geschichte auf Band aufnehmen, können Sie sie sich später noch einmal anhören und dabei die Bilder miteinbeziehen.
• Denken Sie sich eine andere Geschichte aus, in der sich andere Stimmungen abwechseln.

Wahre Gefühle

5–9 Jahre	**Ort**
	Wohn- oder Spielzimmer

Schlüsselwörter

fröhlich	**Benötigtes Material**
traurig	Zeichnen Sie fröhliche,
wütend	traurige, wütende,
ängstlich	ruhige und ängstliche
ruhig	Gesichter auf je ein Blatt
so tun als ob	Papier.

Fünfjährigen Kindern wird es sicherlich schwerfallen zu verstehen, daß Menschen manchmal auf eine bestimmte Art handeln und dementsprechend wirken, während sie in Wirklichkeit ganz anders empfinden. Die meisten Kinder in diesem Alter kennen noch nicht die Kunst, seine wahren Gefühle hinter einer Maske zu verbergen. Und doch lernen sie selbst schon früh, ihre wahren Gefühle zu unterdrücken. Ich habe beispielsweise mal einen vierjährigen Jungen gefragt, wie es ihm gehe, weil er die ganze Zeit weinte. Zwischen zwei Schluchzern beteuerte er: „Oh, mir geht's gut!"

So geht es

1. Führen Sie die Kinder in dieses Spiel ein, indem Sie z.B. sagen: *Manchmal wollen Menschen nicht, daß andere erkennen können, wie es ihnen wirklich geht. Deshalb machen sie ein ganz anderes Gesicht, als ihnen zumute ist, und tun so als ob. Sie wollen ihre wahren Gefühle vor den anderen verbergen. Stellt euch vor, jemand sagt zu mir einen schlimmen Schimpfnamen. Ich könnte dann lächeln und sagen: „Das solltest du aber nicht zu mir sagen!"*

(Halten Sie kurz die Zeichnung mit dem fröhlichen Gesicht hoch.) *Aber selbst dann, wenn ich ein Lächeln auf meinem Gesicht habe, könnte es sein, daß ich in meinem Innersten traurig bin, weil ich es gar nicht gern habe, wenn jemand zu mir einen solchen Schimpfnamen sagt.*
Während Sie sprechen, ziehen Sie das Bild mit dem traurigen Gesicht hinter dem fröhlichen hervor.

2. Anhand der folgenden Geschichten können Sie den Kindern deutlich machen, was Sie meinen. Halten Sie das zweite Bild bis zum Ende der Geschichte hinter dem ersten verborgen.

Geschichte 1: (Verstecken Sie das traurige Gesicht hinter dem fröhlichen). *Als der Vater zu Hause den Tisch deckte, zerbrach er aus Versehen sein ganzes Lieblingsgeschirr. Da klopfte plötzlich die Nachbarin an die Tür. Als der Vater die Tür öffnete, machte er ein solches Gesicht*
(halten Sie das fröhliche Gesicht hoch).
Was glaubt ihr, wie er sich wirklich gefühlt hat?

Lassen Sie die Kinder ihre Vermutungen äußern, und ziehen Sie dann das traurige Gesicht hervor. Machen Sie ihnen klar, daß sich der Vater traurig fühlte, weil er sein Lieblingsgeschirr zerbrochen hatte.

Geschichte 2: (Verstecken Sie das ärgerliche Gesicht hinter dem ruhigen.) *Eines Tages sagte die Mutter zu ihrem Jungen, daß er aufhören solle, seinen Freund zu schlagen. Da wurde der kleine Junge ganz böse und spuckte die Mutter an. Die Mutter versuchte, ganz ruhig zu bleiben. Sie sagte ihm, er dürfe so etwas nicht noch einmal machen*
(halten Sie das ruhige Gesicht hoch).
Was glaubt ihr, wie sie sich wirklich gefühlt hat?

Lassen Sie die Kinder ihre Vermutungen äußern, und ziehen Sie dann das ärgerliche Gesicht hervor. Machen Sie ihnen klar, daß sich die Mutter geärgert hat, weil sie es nicht mag, wenn man ihr ins Gesicht spuckt.

Geschichte 3: (Verstecken Sie das ängstliche Gesicht hinter dem ärgerlichen). *Eines Tages beobachtete ein Vater seine Kinder im Garten. Plötzlich sah er, wie ein Kind auf einen hohen und schmalen Mauervorsprung kletterte und darauf herumsprang und fast hinunterstürzte. Der Vater lief schnell zu der Mauer hinüber, schaute zu seinem Kind hoch und sagte, es solle sofort wieder herunterklettern. Dabei machte er ein solches Gesicht*
(halten Sie das ärgerliche Gesicht hoch.)
Was glaubt ihr, wie er sich wirklich gefühlt hat?

Lassen Sie die Kinder ihre Vermutungen äußern, und ziehen Sie dann das ängstliche Gesicht hervor. Machen Sie ihnen klar, daß der Vater Angst hatte, weil sein Kind Gefahr lief, sich ernstlich zu verletzen.

Und so geht's weiter

Ermuntern Sie die Kinder, sich auch eine ähnliche Geschichte auszudenken. Sprechen Sie mit Ihrem Kind über Situationen, in denen sie nicht zeigen wollten, wie sie sich wirklich gefühlt haben.

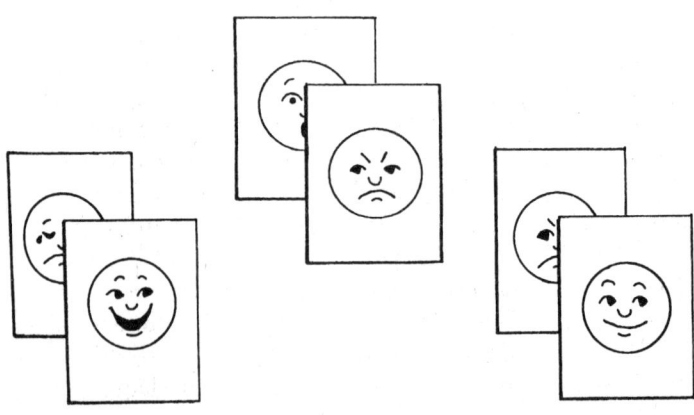

Kapitel 3

Gemeinsam schaffen wir's!

Kinder mit ausgeprägtem Selbstwertgefühl sind sozial orientiert und betrachten ihre eigenen Anstrengungen als Teil der gemeinsamen Arbeit. Sie sind bereit, *mit* anderen und *nicht gegen* sie zu arbeiten. Sie müssen nicht ihren Wert dadurch beweisen, daß sie andere mittels Gewalt oder Täuschung beherrschen. Ebensowenig haben sie es nötig, sich selbst oder anderen ihr Können durch ständiges Siegen zu beweisen. Ihr Bemühen um Verbesserung beruht mehr auf dem Willen, eigene oder gemeinsame Ziele der Gruppe zu erlangen, als darauf, sich mit den anderen im Wettstreit zu messen.

Anstatt die Persönlichkeit zu stärken erreichen Erwachsene, die den Schwerpunkt auf diese Art der Konkurrenz legen, eher eine Steigerung der Versagensangst der Kinder. Sie fördern den Zwang, sich ständig mit anderen messen zu müssen, und tragen dadurch zu einer Verringerung des Selbstwertgefühls der Kinder bei. Im Gegensatz dazu schaffen auf Zusammenarbeit ausgerichtete Spiele ein Bewußtsein der Kinder für die eigenen Fähigkeiten und stärken ihr Gefühl der Gruppenzugehörigkeit. Der Wettstreit richtet Mauern zwischen Menschen auf; Kooperation dagegen baut Brücken.

Eine fruchtige Gruppe

3-6 Jahre

Schlüsselwörter
Ziel
etwas gemeinsam machen

Ort
Spielzimmer bzw. Küche

Benötigtes Material
• Für jedes Kind (und auch für Sie) eine ungespritzte Orange

• Für jedes Kind eine kleine Schale
• Ein Krug
• Pappbecher
• Messer
• Ein kleines Schneidebrett
• Ein Löffel (um die Kerne aus den Schälchen zu fischen)
• Servietten
• Waschlappen und Handtücher

Jedes Kind muß seine Kraft und Stärke fühlen können. Wir können Kindern dabei helfen, ihre Kräfte kanalisieren zu lernen, um Harmonie zu erzeugen und nicht etwa Uneinigkeit oder Konflikte. Der Verlust von Kraft und Stärke, die Unfähigkeit, etwas auszurichten oder etwas zu verändern – das sind die Wurzeln der Gewalt.

So geht es

1. Bevor Sie mit dem Spiel beginnen, sollen sich die Kinder gründlich die Hände waschen.

2. Nehmen Sie dann Ihre Orange, halten Sie sie für alle Kinder sichtbar hoch, und erzählen Sie den Kindern Wissenswertes über Orangen. Schneiden Sie danach ein dünnes Stück der Schale ab, und lassen Sie es herumgehen, damit die Kinder es gegen das Licht halten und sein wunderschönes Muster bewundern können. Können sie die Orange riechen?

3. Teilen Sie die Schälchen und die Servietten aus, und sagen Sie den Kindern, daß Sie jetzt einmal sehen wollen, wie gut sie zusammenarbeiten können, um einen Krug mit frisch-gepreßtem Orangensaft zu füllen. Nehmen Sie dann Ihre Orange, und pressen Sie langsam den Saft in ein Schälchen. Halten Sie das Schälchen hoch, damit die Kinder den ausge-preßten Orangensaft sehen können.

4. Vierteln Sie die Orangen, und geben Sie jedem Kind erst nur ein Viertel mit der Bitte, seinen Saft ins Schälchen zu pressen. Wenn die Kinder es ausgepreßt haben, sollen sie den Saft in den großen Krug schütten und dann das nächste Vier-tel auspressen. Betonen Sie während der Übung, daß die Be-mühungen jedes einzelnen Kindes zu dem gemeinsamen Ziel beitragen, den Krug zu füllen.

5. Wenn alle Orangen ausgepreßt sind, teilen Sie die Papp-becher aus und schütten jedem Kind Orangensaft hinein (nachdem Sie, falls nötig, mit einem Löffel die Kerne heraus-gefischt haben). Sprechen Sie mit den Kindern darüber, wie gut sie zusammengearbeitet haben.

Und so geht's weiter

Benutzen Sie eine Zitronenpresse, um noch den restlichen Saft herauszupressen. Danach können die Kinder das verblie-bene Fruchtfleisch von der Schale lösen und essen.

Wir alle zusammen haben gewonnen!

3–6 Jahre

Schlüsselwörter
Gleichgewicht
helfen
etwas gemeinsam machen

Ort
Spielzimmer
Draußen

Benötigtes Material
- Eine rutschfeste, kleine Matte oder eine andere sichere Unterlage, auf die sich die Kinder zusammen stellen können
- Oder zeichnen Sie mit Kreide einen Kreis auf den Boden, wenn Sie z. B. draußen spielen wollen

Wettbewerbe werden immer dann durchgeführt, wenn Erwachsene Kindern beibringen wollen, daß es in Spielen Gewinner und Verlierer geben muß. In den Spielen dieses Buches wird kein Kind jemals verlieren. Kein Kind wird ausgeschlossen oder zurückgewiesen, weil es bei irgendeiner Sache gescheitert ist. Die Verantwortung, ein bestimmtes Ziel zu erreichen, liegt immer bei allen Gruppenmitgliedern gemeinsam.

So geht es

1. Bitten Sie die Kinder, daß sie Ihnen zeigen sollen, wie gut sie miteinander arbeiten können. Legen Sie eine Matte auf den Boden, und sagen Sie den Kindern, sie sollen sich vorstellen, dies sei eine Insel, zu der sie gleich „schwimmen" sollen. Sie werden zusammenarbeiten müssen, um zu erreichen, daß möglichst viele auf der Insel Platz finden.

2. Bitten Sie die Kinder, an den Wänden Aufstellung zu nehmen und sich dann langsam auf die Insel zuzubewegen.

Zählen Sie dann durch, wie viele Kinder auf der Insel Platz gefunden haben. Weisen Sie darauf hin, daß – wenn alle auf der Insel stehen – niemand mit seinem Fuß oder einem anderen Körperteil das „Wasser" berühren darf.

3. Falten Sie die Matte einmal in der Mitte (oder nehmen Sie eine kleinere Matte), und wiederholen Sie das Spiel. Machen Sie den Kindern klar, daß es nicht wichtig ist, wer auf der Insel steht, sondern darauf ankommt, daß möglichst viele auf der Insel Platz finden.

4. Rollen Sie für die nächste Wiederholung des Spiels die Matte zusammen. Jetzt kommt es darauf an, das Gleichgewicht zu halten und sich dabei gegenseitig zu helfen: Die Kinder müssen gut miteinander kooperieren, damit möglichst viele von ihnen auf der verbleibenden Fläche stehen können. Beaufsichtigen Sie die Übung aus nächster Nähe, damit nichts passiert.

Und so geht's weiter

Pappkartons können als Boote dienen. Wie viele finden in einem Boot Platz?
• Wenn Sie den Schwierigkeitsgrad der Übung verändern wollen, sollten Sie die Spielfläche vergrößern oder verkleinern.

Eine Collage schöner Dinge

3–6 Jahre

Schlüsselwörter
mithelfen
etwas gemeinsam machen

Ort
Spielzimmer
Draußen

Benötigtes Material
- Ein großes, rechteckiges Stück stabile Pappe oder Packpapier
- Klebstoff oder Klebeband
- Buntstifte

In einigen Fällen hängt der Stolz der Eltern auf ihr Kind davon ab, wie es sich im Vergleich zu anderen hervortut. Eltern leisten dem Konkurrenzkampf unter Kindern Vorschub, wenn sie ihr Kind ständig nur mit anderen vergleichen.

So geht es

1. Sagen Sie den Kindern, daß Sie sich darüber freuen würden, wenn sie zusammen eine Collage schöner Dinge, die sie draußen gefunden haben, basteln würden. Erklären Sie ihnen, welche Dinge dazu geeignet sind und welche nicht. Es eignen sich z.B. Blätter von Bäumen, Kieselsteine oder weggeworfene Gegenstände wie etwa Flaschendeckel oder Stanniolpapier. Lebewesen oder Gegenstände, die anderen gehören, dürfen natürlich nicht genommen werden.

2. Draußen sollten Sie den Kindern etwa zehn Minuten Zeit lassen, etwas zu suchen, von dem sie glauben, daß es schön oder interessant ist.

3. Wenn Sie wieder im Gruppen- bzw. Klassenzimmer sind, setzen sich alle in einen Kreis. Legen Sie die Pappe in die

Mitte, und bitten Sie die Kinder, daß jedes etwas zu der Collage beitragen soll, indem es seine „Fundsachen" irgendwo verstreut auf die Pappe legt. Wenn jedes Kind seinen Beitrag geleistet hat, können alle gemeinsam noch einmal überprüfen, ob ihnen die Plazierung der einzelnen Gegenstände gefällt.

4. Dann können die Gegenstände auf der Pappe mit Klebstoff oder Klebeband befestigt werden. Später kann die Pappe ausgestellt werden.

Und so geht's weiter

Anstatt alles auf der Pappe festzukleben, können Sie auch eine geeignete Stelle suchen, wo die Collage für alle sichtbar, aber trotzdem geschützt ist. Lassen Sie die Kinder für ihre Collage einen freistehenden Ausstellungskasten o. ä. anfertigen, damit sie in den folgenden Tagen von allen bestaunt werden kann.

Aus Teilen ein Ganzes

3–6 Jahre	**Ort** Spielzimmer

Schlüsselwörter
mithelfen
jede/r
Gruppe
etwas gemeinsam machen

Benötigtes Material
• Für jedes Kind ein Bogen
  Papier und Buntstifte
• Klebeband

Terry Orlick, ein Pionier auf dem Gebiet kooperativer Spiele, hat herausgefunden, daß Kinder im Alter von drei bis sechs Jahren, die Erfahrung mit solcherlei Spielen haben, drei- bis viermal häufiger als sonst auch bei unbeaufsichtigten Spielen kooperativ agieren. Kinder dagegen, die keine Erfahrung mit kooperativen Spielen haben, orientieren sich im Laufe der Zeit immer mehr am Konkurrenzgedanken.

So geht es

1. Dieses Spiel bietet den Kindern die Gelegenheit, ihren eigenen Beitrag zu leisten und ein Bild zu erhalten, das von der ganzen Gruppe geschaffen wurde.

2. Geben Sie jedem Kind mehrere Buntstifte und einen Bogen Papier, auf dem oben sein Name steht. Sagen Sie den Kindern, daß sie nur eine kurze Zeitspanne zur Verfügung haben, um auf ihren Bogen etwas nach freier Wahl zu zeichnen.

3. Nach etwa einer Minute bitten Sie die Kinder, ihren Bogen an das Kind zu ihrer Linken weiterzureichen (machen Sie es ihnen vor). Jedes Kind soll nun das Bild, das es von seiner Nachbarin bzw. seinem Nachbarn erhalten hat, weiterzeich-

nen. Während so die Bilder im Kreis herumgehen, leistet jedes Kind seinen Beitrag zu jedem einzelnen Bild.

4. Wenn die Bilder wieder bei ihren „Urheberinnen" angekommen sind, ist das Spiel beendet. Jedes Kind hat nun ein Bild, an dem alle anderen aus der Grupe mitgearbeitet haben.

5. Sprechen Sie mit den Kindern über diese Art von Zusammenarbeit, mit der sie die Bilder geschaffen haben. Hängen Sie alle Bilder an einer Wand auf.

Und so geht's weiter

Sie können auch, sich mit Ihrem Kind abwechselnd, zu zweit ein Bild malen. Oder Sie benutzen zusätzlich Klebstoff, Collagematerial etc.

Gruppensuppe, Familiensuppe

3–6 Jahre	

Schlüsselwörter
mithelfen
vorbereiten
etwas gemeinsam machen

Ort
Küche

Benötigtes Material
- Ein Topf und Küchenutensilien, um eine Suppe vorzubereiten und zu kochen
- Suppengemüse
- Salz, Pfeffer und Suppenwürfel zum Würzen
- Suppentassen und Löffel
- Eine Kochplatte, falls kein Herd zur Verfügung steht

Der schon erwähnte Terry Orlick hat auch herausgefunden, daß sich Kinder nach eigenen Angaben glücklicher fühlen, wenn sie Spiele spielen können, die mehr auf Kooperation als auf Wettbewerb beruhen. Wenn Kinder die Wahl haben, bevorzugen sie kooperative Spiele.

So geht es

1. Bevor Sie dieses Spiel machen, sollten Sie mit den Kindern über die vielen verschiedenen Zutaten sprechen, die man in eine „Gruppensuppe" oder „Familiensuppe" tun könnte: Möhren, Kartoffeln, Sellerie, Tomaten, Zwiebeln, Kohl usw. Alle Zutaten sollten frisch sein und nur in Ausnahmefällen aus dem Tiefkühlfach oder Konservendosen stammen.

2. Versammeln Sie die Kinder um sich. Nehmen Sie von jeder Gemüsesorte ein Exemplar, und lassen Sie es in der Gruppe herumgehen. Achten Sie darauf, daß die Kinder das Gemüse nicht essen. Machen Sie die Kinder auf die Beschaffenheit,

das Aussehen und den Geruch jeder Gemüsesorte aufmerksam.

3. Nachdem die Kinder das Gemüse genau untersucht haben, sollen sie sich die Hände waschen, um sich dann mit Ihnen in der Küche zu treffen, wenn Sie nicht schon dort sind.

4. Beaufsichtigen Sie die Kinder bei der Vorbereitung des Gemüses, damit sie sich mit den Schäl- und Schneidewerkzeugen keine Verletzungen zufügen. Zeigen Sie ihnen, wie man das Gemüse vorbereiten kann, ohne sich weh zu tun. Danach wird es gewaschen und in den Suppentopf getan (oder für späteren Gebrauch in Plastikbeutel gelegt). Fügen Sie genügend Wasser und Suppenwürfel hinzu.

5. Während die Suppe (unter strenger Aufsicht) kocht, können Sie die Kinder mit einem anderen Spiel beschäftigen. (Bleiben Sie am besten beim Thema, und lassen Sie die Kinder z.B. Gemüse zeichnen o.ä.) Da die Garzeiten der einzelnen Gemüsesorten unterschiedlich sind, müssen Sie das Gemüse nach und nach in den Topf geben. Wenn die Suppe schließlich fertig und serviert ist, sollten Sie den Kindern ausdrücklich für ihre gute Zusammenarbeit bei der Zubereitung der „Familien-" oder „Gruppensuppe" danken und sie loben.

Und so geht's weiter

Sie können mit der Vorbereitung des Gemüses anfangen und die Kinder dann weitermachen lassen. Schneiden Sie beispielsweise drei Viertel einer Möhre in Scheibchen, und geben Sie dann einem Kind ein stumpferes Messer, mit dem es den Rest der Möhre ebenfalls in Scheibchen schneidet.

Der fliegende Teppich

4–8 Jahre

Ort
Wohn- oder Spielzimmer

Schlüsselwörter
sanft
nett sein
freiwillig
etwas gemeinsam machen

Benötigtes Material
• Ein robustes, großes Laken
  oder eine entsprechende
  Decke
• Musik

„Der fliegende Teppich" hat – wie viele andere Spiele in diesem Buch – zwei unterschiedliche Aspekte. Die Kinder, die den „Teppich fliegen" lassen, arbeiten zusammen, um zu einem anderen Kind nett zu sein. Das Kind auf dem „fliegenden Teppich" ist Nutznießer/in sowohl ihrer Zusammenarbeit als auch ihrer Freundlichkeit.

So geht es

1. Breiten Sie das Laken auf dem Boden aus, und bitten Sie die Kinder, sich darum im Kreis aufzustellen. Sprechen Sie mit ihnen einige Minuten über Sanftheit und Zusammenarbeit.

2. Fragen Sie, ob ein Kind Lust hat, auf dem „fliegenden Teppich" Platz zu nehmen. Das Kind, das sich freiwillig meldet, legt sich in die Mitte des Lakens auf den Rücken.

3. Die anderen Kinder nehmen den Rand des Lakens in die Hand und heben es ein wenig vom Boden hoch.

4. Wenn der „Teppich" nun in der Luft schwebt, bitten Sie das Kind in der Mitte, die Augen zu schließen und den Flug zu

genießen. Dann beginnen Sie mit den anderen Kindern, das Laken sanft hin- und herzuschwingen. Loben Sie sie für ihre gute Zusammenarbeit.

5. Nach einer Minute sollen sie den „Teppich" wieder sanft „landen" lassen. Nun kann es sich ein anderes Kind darauf bequem machen.

Und so geht's weiter

Verteilen Sie weitere Erwachsene gleichmäßig um das Laken herum, die die Kinder beim Heben und Schwenken unterstützen.
• Wenn Sie Lust haben, können Sie die Übung von ruhiger, fröhlicher Musik begleiten lassen.

Der fliegende Ballon

4–8 Jahre	**Ort**
	Spielzimmer
Schlüsselwörter	Draußen
sanft	
ermutigen	**Benötigtes Material**
etwas gemeinsam machen	Ein Luftballon

Kinder, die kooperieren, sind viel eher in der Lage, andere zu ermutigen und als Partner/innen zu betrachten, als wettbewerbsorientierte Kinder. Kinder, die andere nicht zwangsläufig als ihre Konkurrenten betrachten, zeigen häufiger ihre Bereitschaft, anderen zu helfen.

So geht es

1. Bitten Sie die Kinder, sich im Kreis aufzustellen. Sagen Sie ihnen, daß sie nun ein Spiel spielen sollen, bei dem es auf eine gute Zusammenarbeit ankommt. Sie werden einen Ballon in die Luft stoßen, und Ziel der Kinder soll es sein, ihn in der Luft zu halten, ohne daß er den Boden berührt. Sagen Sie den Kindern, daß Sie mitzählen werden, wie oft sie den Ballon angestoßen haben. Jedes Kind soll, nachdem es in die Mitte gelaufen ist, um dem Ballon einen sanften Stoß zu geben, wieder bei den anderen seinen Platz einnehmen, damit dann das nächste Kind in die Mitte laufen kann.

2. Die Kinder, die außen stehen, haben die Aufgabe, den Ballon wieder in die Mitte zurückzustoßen, falls er mal zu weit nach außen fliegt. Wenn jedes Kind einmal an der Reihe war und der Ballon den Boden nicht berührt hat, hat die Gruppe das Spiel gewonnen. Weisen Sie die Kinder darauf hin, daß sie

dem Ballon immer nur einen sanften Stoß geben sollen, damit das nächste Kind es nicht zu schwer hat, den Ballon zu
treffen.

3. Stellen Sie sich dann in die Mitte des Kreises, und geben
Sie dem Ballon einen leichten Stoß, daß er senkrecht hoch-
fliegt. Verlassen Sie die Kreismitte, und erinnern Sie auch die
Kinder noch einmal daran, sich wieder in den Kreisrand zu
stellen, sobald sie den Ballon getroffen haben.

4. Wenn alle Kinder einmal an der Reihe waren oder der Ballon den Boden berührt hat, beginnen Sie das Spiel von vorn.
Ermuntern Sie die Kinder zu versuchen, ihr vorheriges Ergebnis zu verbessern.

Und so geht's weiter

Legen Sie mit einem Seil auf dem Boden eine Grenzlinie fest.
Teilen Sie die Kinder in zwei Gruppen auf, die sich zu beiden Seiten des Seils aufstellen sollen. Dann bitten Sie beide
Gruppen, den Ballon immer hin und her über das Seil zu
stoßen, ohne daß er den Boden berührt. Zählen Sie wieder
mit, wie oft es die Kinder insgesamt schaffen. Wenn der Ballon den Boden berührt, beginnt das Spiel wieder von vorn. Ermuntern Sie die Kinder zu versuchen, ihr vorheriges Ergebnis
zu verbessern.

Unsere Puzzlespiele

4–8 Jahre

Ort
Spielzimmer

Schlüsselwörter
zusammenarbeiten
etwas gemeinsam machen

Benötigtes Material
• Tonpapier in verschiedenen
  Farben
• Schere
• Briefumschläge

Kinder, die den Wert und die Bedeutung von Kooperation kennengelernt haben, werden wahrscheinlich auch in der Zukunft viel eher kooperativ zusammenarbeiten. Für dieses Spiel können Sie auch dem Alter Ihres Kindes angemessene Puzzlespiele kaufen.

So geht es

1. Stellen Sie einfache Puzzlespiele her, indem Sie Tonpapierquadrate in drei verschiedene Teile zerschneiden (siehe obere Abbildung). Stecken Sie jedes Puzzle in einen gesonderten Umschlag. Die Anzahl der Puzzleteile richtet sich nach dem Alter der Kinder (Schwierigkeitsgrad) und nach ihrer Anzahl (jedes Kind sollte ein Teil bekommen).

2. Wenn Sie mehrere Kinder haben, teilen Sie sie in Gruppen auf. Erklären Sie ihnen danach, daß Sie für sie einige Puzzlespiele haben, die sie lösen sollen.

3. Dann erhält jede Gruppe einen Briefumschlag. Erklären Sie den Kindern, daß jeder Umschlag drei Puzzleteile enthält, die richtig zusammengesetzt ein Quadrat ergeben. Dann soll je-

des Kind ein Teil aus dem Umschlag nehmen und mit den anderen gemeinsam versuchen, das Puzzle zusammenzusetzen. Ermuntern Sie die Kinder bei ihren Bemühungen, und geben Sie, falls nötig, auch Tips.

4. Wenn eine Gruppe ihr Puzzle zusammengesetzt hat, geben Sie ihr ein schwierigeres.

5. Wenn das Spiel beendet ist, sprechen Sie mit den Kindern darüber, wie gut sie in ihren Gruppen zusammengearbeitet haben, um gemeinsam ihr jeweiliges Puzzle zusammenzusetzen.

Und so geht's weiter

Gestalten Sie das Spiel schwieriger, indem Sie die Zahl der Puzzleteile erhöhen und die Formen der Teile so gestalten, daß sie leichter verwechselt werden können (siehe untere Abbildung).
- Sie können den Schwierigkeitsgrad verringern, indem sie Puzzlespiele mit nur zwei Teilen herstellen, die dann zwei Kinder in Partnerarbeit zusammensetzen sollen.
- Ermuntern Sie die Kinder, selbst Puzzlespiele zu basteln, die dann von anderen zusammengesetzt werden können.

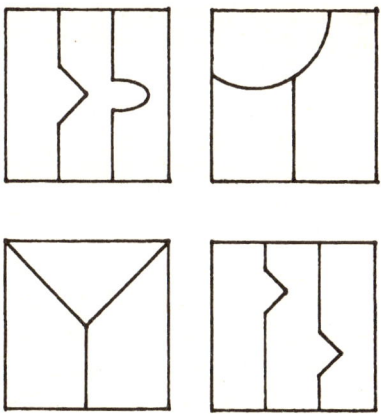

Überall Ballons!

4–8 Jahre

Schlüsselwörter
etwas gemeinsam machen

Ort
Spielzimmer
Draußen

Benötigtes Material
• Etwa 25 Luftballons
• Eieruhr

Wachsender Konkurrenzdruck hindert die Kinder daran, Spaß zu empfinden, wenn sie eine Aufgabe erfüllen. Sie lenken besorgt ihre Aufmerksamkeit auf das, was die anderen tun. Sie können dies Spiel natürlich auch mit nur *einer* Gruppe von drei Kindern/Familienmitgliedern durchführen.

So geht es

1. Blasen Sie die Luftballons auf, und verstauen Sie sie an einer Stelle, wo sie nicht durch den Raum rollen können (z. B. in einer Ecke hinter einigen Stühlen).

2. Teilen Sie die Kinder in Dreiergruppen auf, deren Mitglieder sich zusammensetzen sollen.

3. Sagen Sie jeder Gruppe, daß Sie jetzt gern sehen würden, wie gut sie zusammenarbeitet. Jede Dreiergruppe soll so viele Ballons wie möglich vom Boden sammeln, bevor die Uhr klingelt. Während zwei Gruppenmitglieder als „Ballonhalter" fungieren werden und die Ballons zwischen Kopf, Händen, Bauch, Beinen usw. klemmen sollen, wird das dritte Kind die Ballons einsammeln und sie in die „Ballonhalter" stopfen. Wenn die „Ballonhalter" so viele Ballons wie möglich halten,

soll zum Schluß auch der „Ballonstopfer" zum „Ballonhalter" werden.

4. Eine Gruppe beginnt. Stellen Sie die Uhr auf drei bis vier Minuten ein, und zählen Sie mit, wie viele Ballons die Gruppe vom Boden sammelt. Feuern Sie die drei an. Wenn die Zeit abgelaufen ist oder sie so viele Ballons wie möglich halten, kommt die nächste Gruppe an die Reihe.

Und so geht's weiter

Wenn Sie das Spiel anspruchsvoller gestalten wollen, binden Sie beiden „Ballonhaltern" die Augen zu. Nun muß der „Ballonstopfer" mehr Anweisungen geben.

• Sie können das Zeitlimit nach oben wie nach unten hin verändern, um das Spiel einfacher oder schwieriger zu machen.

Rücken an Rücken

4 – 8 Jahre

Schlüsselwörter
Partner
Partnerin
ineinandergehakt
gemeinsam
sich bemühen
etwas gemeinsam machen

Ort
Spielzimmer
Draußen

Benötigtes Material
Kein besonderes Material
erforderlich

Eine von Konkurrenzverhalten gekennzeichnete Atmosphäre verursacht Spannung und Frustration und kann sowohl bei den Gewinner/inne/n wie auch bei den Verlierer/inne/n aggressives Verhalten auslösen.

So geht es

1. Bitten Sie die Kinder, ein Paar/Paare für die folgende Übung zu bilden. Sagen Sie ihnen, daß Sie jetzt gern sehen möchten, wie gut sie zusammenarbeiten. Sie sollen sich Rücken an Rücken auf den Boden setzen und dann die Arme nach hinten ausstrecken, um ihre Arme und die ihrer Partnerin bzw. ihres Partners ineinanderzuhaken. Vermutlich werden Sie es ihnen vormachen müssen.

2. Wenn ihre Arme ineinandergehakt sind, sollen sie versuchen, gemeinsam aufzustehen, ohne die ineinandergehakten Arme loszulassen.

3. Wenn sie es geschafft haben, sollen sie sich wieder hinsetzen – diesmal sollen sie sich aber ansehen. Bei leicht ge-

krümmten Beinen sollen sich nun die Füße berühren und die Kinder sich an den Händen halten. Können sie sich gegenseitig so hochziehen, bis sie stehen?

4. Spornen Sie die Kinder bei ihren Bemühungen an, und loben Sie sie für ihre Versuche, zusammenzuarbeiten.

Und so geht's weiter

Versuchen Sie beide Spiele auch mit Dreier- oder Vierergruppen. Alternativ können Sie mit Ihrem Kind versuchen, ein Ei von einem Teelöffel auf den nächsten weiterzureichen.

Wir kleben zusammen!

4 – 8 Jahre

Schlüsselwörter
sanft
gewinnen
verlieren
Gruppe
Partner
Partnerin

Ort
Spielzimmer
Draußen

Benötigtes Material
• Cassettenrecorder
• Lebhafte Musik

Die Kinder in unserem Kulturkreis lernen, daß Gewinnen einen Konflikt hervorruft: Irgend jemand muß verlieren. In den meisten Fällen sieht es sogar so aus, daß es nur eine/n Gewinner/in gibt. Unter solchen Umständen kann sogar das Siegen unangenehm und unbefriedigend werden. Mit Kooperation kann jeder Mensch etwas erreichen.

So geht es

1. Teilen Sie die Kinder in Zweiergruppen auf.

2. Bitten Sie die Kinder, so zu tun, als sei ihr Körper richtig klebrig. Was würde geschehen, wenn verschiedene Körperteile mit denen der Partnerin bzw. des Partners zusammenkleben würden? Was wäre das für ein Gefühl?

3. Lassen Sie die Musik laufen, und rufen Sie: *O. k., Partnerinnen und Partner, nun wollen wir mal sehen, wie eure Hände zusammenkleben ... und nun eure Zehen ...* (Knie, Knöchel, Ellbogen usw.). Nachdem Sie einige dieser Anweisungen gegeben haben, können sich die Partner/innen wieder

voneinander lösen. Bitten Sie die Kinder, möglichst sanft mit dem anderen umzugehen, wenn sich ihre Körper berühren.

4. Nach mehreren Runden können sich alle setzen und entspannen. Sprechen Sie mit ihnen darüber, wie gut sie miteinander gearbeitet haben.

Und so geht's weiter

Bitten Sie die Partner/innen, sich auf „klebrige" Weise durch den Raum zu bewegen und dabei möglichst in Kontakt zu bleiben.
• Bitten Sie die Paare, sich mit einem anderen Paar zusammenzutun, um eine Vierergruppe zu bilden.

Zwei Inseln

4–8 Jahre

Schlüsselwörter
etwas gemeinsam machen

Ort
Spielzimmer
Draußen

Benötigtes Material
• Zwei mittelgroße Matten
• Zwei Bretter (ca. 3 x 15 x
150 cm) oder Matten o. ä.

Unter keinen Umständen sollten die Bretter mehr als nur ein paar Zentimeter hochgehoben werden. Wegen des erhöhten Risikos sollten Sie jede Übung, bei der es auf die Balance ankommt, aufmerksam beaufsichtigen.

So geht es

1. Erzählen Sie den Kindern folgende Geschichte:

Es waren einmal zwei Inseln. Die eine hatte eine Menge Bäume und schöne Flüsse; die andere hatte wunderschöne Berge und prächtig grüne Täler. Aber nach einer Weile waren es die Menschen auf den Inseln leid, immer nur dasselbe um sich herum zu sehen. Sie wollten sich gern einmal die Schönheiten der anderen Insel anschauen. Aber es gab leider keine Brücke zwischen den Inseln, und zum Schwimmen waren sie zu weit auseinander. Wie könnten die Menschen ihr Problem lösen?

2. Legen Sie die zwei Matten ungefähr drei Meter voneinander entfernt auf den Boden. Verteilen Sie die Kinder zu gleichen Teilen auf beide „Inseln". Dann legen Sie zu jeder „Insel" ein Brett.

3. Sagen Sie den Kindern, daß Sie nun einmal sehen wollen, wie jedes von ihnen von der einen zur anderen Insel hinübergelangt, ohne ins „Wasser" zu fallen. Wer das „Wasser" berührt, muß erst wieder zu seiner Insel zurück und darf es dann erneut versuchen.

4. Spornen Sie die Kinder an. Es gibt durchaus mehr als die eine, offensichtliche Lösung.

Und so geht's weiter

Geben Sie den Kindern ein Seil, um zu sehen, ob ihnen dann noch andere Strategien einfallen.

• Um die Herausforderung noch interessanter zu machen (ca. ab 5 Jahre), können Sie drei Inseln anlegen: eine nahe Insel im Abstand von etwa 3 m zur mittleren Insel und eine entfernte Insel im Abstand von etwa 4,50 m. Zu jeder Insel gehört ein etwa 1,50 m langes Brett. Ziel der Übung ist es, daß die Kinder auf den beiden äußeren Inseln sich gegenseitig besuchen.

• Sie können auch noch mehr Inseln in unterschiedlichen Abständen anlegen und unterschiedlich lange Bretter zum Einsatz bringen. Wenn Sie keine Bretter zur Verfügung haben, können Sie statt dessen aufgerollte Matten benutzen

Seifenblasen im Korb

4 – 8 Jahre

Ort
Spielzimmer
Draußen

Schlüsselwörter
ermutigen
Gruppe
Partner
Partnerin
Reihe

Benötigtes Material
• Seifenlösung und Pustering
• Ein 5–6 m langes Seil
• Ein kleiner, leichter Behälter
  (z. B. eine Plastikschale)
• Eieruhr
• Korb mittlerer Größe

Manchmal ist es schwierig, Anspornen von Druck zu unterscheiden. Was wir für Ermutigung oder Aufmunterung halten, kann sich schnell in Leistungsdruck verwandeln, wenn wir auf das Scheitern eines Kindes mit Enttäuschung oder Unwillen reagieren.

So geht es

1. Wenn Sie viele Kinder haben, teilen Sie sie in Gruppen. Sagen Sie ihnen, daß Sie nun einmal sehen wollen, wie gut sie zusammenarbeiten. Sie sollen versuchen, eine Seifenblase quer durch den Raum zu pusten, so daß ein/e Partner/in am anderen Ende sie mit einem Korb auffangen kann.

2. Legen Sie das Seil auf den Boden, um damit in einer Raumecke das „Ziel" zu markieren. Ein Gruppenmitglied geht hinter das Seil in den Zielbereich, während die anderen Partner/innen in der entgegengesetzten Raumecke Aufstellung nehmen.

3. Stellen Sie die Uhr auf zwei bis drei Minuten ein, und pusten Sie dann einige Seifenblasen nahe bei den Kindern in die Luft. Ermuntern Sie sie, nun zu versuchen, wenigstens eine Seifenblase quer durch den Raum zu ihrem „Fänger" zu pusten, bevor die Uhr klingelt.

4. Wenn ihre Seifenblasen alle zerplatzen sollten, machen Sie am Ausgangspunkt neue.

5. Wenn die Zeit abgelaufen ist, kommt die nächste Gruppe an die Reihe.

Und so geht's weiter

Legen Sie das Seil zu einem Kreis aus, den der „Fänger" nicht verlassen darf.
• Um das Spiel leichter oder schwieriger zu machen, können Sie die Größe des Auffangkorbes verändern.
• Wenn in jeder Gruppe noch mehr als vier Kinder sind, wird das Spiel leichter.
• Geben Sie den Kindern kleine Stücke Tonpapier oder Pappe, die sie wie Fächer benutzen können, wenn sie zum Pusten zu müde geworden sind.

Klötzchen auf Klötzchen

4–8 Jahre

Schlüsselwörter
etwas gemeinsam machen
Partner
Partnerin
Gleichgewicht

Ort
Wo Sie wollen

Benötigtes Material
Kleine Holzbauklötze in
verschiedenen Formen und
Größen

Ein Großteil unserer Erziehung beruht auf Wettbewerb und Konkurrenz. Oft werden Kinder gegeneinander ausgespielt, indem man sie z.B. miteinander wetteifern läßt, wer zuerst die „richtige" Antwort gibt. Das Scheitern eines Kindes bietet einem anderen Kind die Chance, seinerseits erfolgreich zu sein.

So geht es

1. Fordern Sie die Kinder auf, ein schwieriges Spiel, bei dem man zusammenarbeiten muß, zu versuchen. Bitten Sie eines der Kinder, Ihr/e Partner/in zu sein, um den anderen vorzuführen, wie es geht. Legen Sie dann ein Bauklötzchen in die Mitte des Tisches, auf das nun Ihr/e Partner/in seinerseits ein Klötzchen freier Wahl legen soll.

2. Wenn es das erfolgreich getan hat, sind Sie wieder an der Reihe. Legen Sie nun ein drittes Klötzchen auf das Türmchen, indem Sie es entweder auf das erste oder das zweite Klötzchen setzen.

3. Abwechselnd fügt nun jede Person ein Klötzchen hinzu und achtet darauf, daß das Türmchen im Gleichgewicht bleibt.

4. Die Spieler/innen dürfen ihre Klötzchen hinsetzen, wo immer sie wollen, wobei aber das erste Klötzchen das einzige bleiben muß, das auf dem Tisch aufliegt. Sobald das Türmchen zusammenstürzt, ist das Spiel beendet. Zählen Sie jeweils mit, aus wie vielen Klötzchen ein Türmchen besteht, und ermuntern Sie die Kinder, beim nächsten Durchgang ihr vorheriges Ergebnis zu verbessern.

Und so geht's weiter

Beschränken Sie die Zahl der Klötzchen auf etwa zwanzig. Erhöhen Sie die Herausforderung für die Kinder dadurch, daß auch einige zylindrische Formen verschiedener Dicke und Länge darunter sind.

- Sie können die Gruppengröße bis zu vier oder fünf Kindern erweitern.
- Wenn Sie die Kinder mit größeren Bauklötzchen arbeiten lassen, die zudem auch noch ähnliche Formen haben, wird das Spiel leichter. Je mehr schlanke Zylinderformen Sie ins Spiel bringen, desto schwieriger wird die Aufgabe. Anstelle von handelsüblichen Bauklötzen können Sie Konservendosen, Frischhalteboxen u. ä. auf dem Küchenboden stapeln.

Alle auf einem Stuhl

4–8 Jahre

Schlüsselwörter
etwas gemeinsam machen
Regeln
gemeinsam
gleich

Ort
Spielzimmer
Draußen

Benötigtes Material
• Für jedes Kind einen Stuhl
• Cassettenrecorder
• Musik

Es ist eine schmerzhafte Erfahrung, wegen Scheiterns aus einer Gruppe ausgeschlossen zu werden. Viele von uns werden sich sicherlich noch daran erinnern können, wie unangenehm und peinlich es war, bei einem Spiel wie z. B. „Reise nach Jerusalem" auszuscheiden. Scheitern wird so mit der Gefahr, von den anderen zurückgewiesen zu werden, assoziiert.

So geht es

1. Erklären Sie den Kindern, daß sie nun eine Variante des Spiels „Eine Reise mit Musik" (unsere erste Variante des Spiels „Reise nach Jerusalem") spielen sollen. Auch hier wird niemand ausgeschlossen, sondern alle bleiben im Spiel. Sobald die Musik abbricht, müssen sich alle auf einen Stuhl oder auf den Schoß eines schon sitzenden Kindes setzen. Die Kinder sollen nicht darum wetteifern, unbedingt allein auf dem Stuhl zu sitzen, sondern versuchen, zu zweit oder zu dritt auf einem Stuhl zu sitzen.

2. Stellen Sie zwei gleich lange Stuhlreihen Rücken an Rücken auf, und lassen Sie die Musik laufen. Sobald die Musik abbricht, nehmen Sie einen Stuhl weg. Die Kinder laufen um

die Stühle herum und müssen nun von Runde zu Runde auf immer weniger Stühlen gemeinsam Platz nehmen, bis sie sich schließlich alle zusammen auf nur noch einem Stuhl „stapeln" müssen.

Und so geht's weiter

Bitten Sie die Kinder, zu zweit oder zu dritt um die Stühle herumzugehen. Sagen Sie diesen Gruppen, sie sollen während des ganzen Spiels zusammenbleiben.

Telefon-freundschaften

4–8 Jahre

Schlüsselwörter
etwas gemeinsam machen
Freunde
Freundinnen
Partner
Partnerin
gemeinsam
sich unterhalten

Ort
Spielzimmer
Draußen

Benötigtes Material
- Für jedes Kind eine leere, mittelgroße Konservendose
- Schraubenzieher
- Klebeband
- Für jedes Kinderpaar eine etwa 5 m lange Schnur
- Tonpapierbögen (so zurechtgeschnitten, daß sie um die Konservendosen passen)
- Klebstoff
- Buntstifte

Nicht nur durch ständige Vergleiche mit anderen Kindern können Eltern unbewußt das Konkurrenzdenken ihres Kindes fördern. Ähnliches geschieht auch, wenn sie nur auf die letztendlich erbrachte Leistung schauen, anstatt auch die Bemühungen des Kindes anzuerkennen. Manchen Eltern reicht es nicht, wenn ihr Kind alles gibt. Nur bei Erfolg hat es sich ihre Liebe verdient.

So geht es

1. Bohren Sie mit dem Schraubenzieher in den Boden einer Konservendose ohne Deckel ein kleines Loch. (Scharfe Kanten sollten mit Klebeband abgedeckt werden.)

2. Bitten Sie die Kinder, sich eine/n Partner/in auszusuchen, mit der bzw. dem sie zusammenarbeiten sollen, um ein Telefon zu bauen.

3. Legen Sie Buntstifte bereit, und geben Sie jedem Paar zwei Bögen Tonpapier. Dann sollen sich die Partner/innen zusammensetzen und an der Gestaltung ihres Telefons arbeiten. Wenn Sie damit fertig sind, helfen Sie ihnen dabei, ihre Zeichnungen auf die Konservendosen zu kleben.

4. Befestigen Sie die Schnurenden an den Löchern im Boden der Konservendosen, indem Sie sie von unten hindurchschieben und innen mit mehreren Knoten versehen.

5. Führen Sie den Kindern vor, wie man die Schnur spannt, um sprechen und zuhören zu können. Dann überlassen Sie ihnen ihre „Apparate" und ermuntern sie, sich an verschiedenen Orten im oder außerhalb des Zimmers per „Telefon" zu unterhalten. Die Schnur muß aber immer gespannt bleiben.

Und so geht's weiter

Wenn sie die „Telefonschnur" verlängern, wird das Spiel für die Kinder schwieriger.
• Oder geben Sie jedem Paar zwei Telefone, so daß die Partner/innen gleichzeitig hören und sprechen können. Dies wird ihnen einiges mehr an Koordination abverlangen.

Seilläufer

4–8 Jahre	**Ort** Draußen

Schlüsselwörter
gemeinsam etwas machen
Partner
Partnerin
Hindernis

Benötigtes Material
Für jedes Kinderpaar ein
etwa 1 m langes Seil, das an
beiden Enden einen Knoten
hat

Einfache Bewegungsabläufe werden komplizierter, wenn man sie zusammen mit einer anderen Person machen soll. Diese Übung verlangt von den Beteiligten gegenseitige Aufmerksamkeit und Abstimmung mit der Partnerin bzw. dem Partner. Die Partner/innen müssen gut zusammenarbeiten, wenn sie erfolgreich sein wollen. Dies und die folgenden Spiele können Sie mit zwei oder mehr Kindern durchführen.

So geht es

1. Bitten Sie die Kinder, eine/n Partner/in zu suchen, und geben Sie dann jedem Paar ein Seil. Jedes Kind nimmt ein Ende in eine Hand. Sagen Sie den Kindern, daß sie nun gemeinsam etwas machen sollen.

2. Bitten Sie jedes Paar, von einem bestimmten Punkt zu einem anderen erst zu gehen und dann gemeinsam zu laufen, ohne das Seil loszulassen.

3. Bauen Sie einen Parcours mit standfesten Hindernissen auf, den nun die Paare entlanglaufen sollen. Dabei sollen sie gemeinsam unter einem Hindernis hindurchkriechen oder über ein Hindernis steigen, ohne das Seil loszulassen.

4. Lassen Sie sie auf diese Weise auch andere Aufgaben erfüllen. Beispielsweise könnten sie zusammen einen Turm aus großen Bauklötzen bauen oder gemeinsam zu Mittag essen.

5. Die Paare können auch einfache Spiele wie Fangen spielen, ohne das Seil loszulassen.

Und so geht's weiter

Gestalten Sie das Spiel schwieriger, indem sie einem der beiden Kinder die Augen verbinden (aber führen Sie aufmerksam Aufsicht).
• Kombinieren Sie dieses Spiel mit einem anderen kooperativen Spiel wie z.B. „Alle auf einen Stuhl".

Zwei zeichnen gemeinsam

4–8 Jahre	**Ort** Spielzimmer

Schlüsselwörter
etwas gemeinsam machen
Partner
Partnerin
sanft
gemeinsam

Benötigtes Material
- Für jedes Kinderpaar Verbandszeug, z.B. eine Mullbinde
- Buntstifte
- Große Bögen Papier

Ein Spiel wie „Zwei zeichnen gemeinsam" kann für Kinder, die noch keine Erfahrung mit kooperativen Spielen haben, sehr frustrierend sein. Um an diesem Spiel Spaß zu haben, müssen sie erst gelernt haben, daß man für eine erfolgreiche Zusammenarbeit Geduld und Ausdauer braucht. Mit Kindern, die dieses Spiel zu schwierig finden, sollten Sie zuerst die einfacheren Spiele zu Beginn dieses Kapitels durchführen.

So geht es

1. Sprechen Sie mit den Kindern über Zusammenarbeit. Was bedeutet das eigentlich? Können sie Beispiele dafür nennen oder es genauer beschreiben? Erzählen Sie dann, daß Sie mit ihnen ein solches kooperatives Spiel machen wollen und daß sie sich dafür eine/n Partner/in suchen sollen.

2. Bitten Sie die Paare, sich nebeneinander an einen Tisch zu setzen. Legen Sie Papier und Buntstifte in ihre Mitte. Sagen Sie ihnen, daß Sie nun sehen möchten, wie sie mit ihrer Partnerin bzw. ihrem Partner gemeinsam ein Bild zeichnen, während ihre Arme mit einer Mullbinde miteinander verbunden sind.

3. Wickeln Sie dann die Mullbinde sanft, aber fest um das rechte Handgelenk und den rechten Unterarm des einen Kindes und das linke Handgelenk und den linken Unterarm des anderen Kindes. Wickeln Sie ggf. um die Handgelenke einen weichen Schwamm, damit die Binde nicht drückt. Drücken Sie ihnen einen Buntstift in die verbundenen Hände, und dann kann's losgehen.

4. Weisen Sie ausdrücklich darauf hin, daß nur mit den zusammengebundenen Händen gezeichnet werden darf.

5. Wenn die Kinder Lust haben, können sie danach die Seiten tauschen und das Spiel noch einmal machen.

Und so geht's weiter

Zwei Partner/innen können auch, statt zu zeichnen, mit Fingerfarben malen.
• Wenn Sie die Übung noch schwieriger gestalten wollen, können Sie einem Kind, das dazu bereit ist, die Augen verbinden und einen Buntstift in die Hand geben. Sein/e Partner/in hat zwar nicht die Augen verbunden, dafür aber auch keinen Buntstift. Wenn die Zeichnung fertig ist, können sie die Rollen tauschen.

Die rollende Kugel

4–8 Jahre

Schlüsselwörter
etwas gemeinsam machen
Regeln
Schwierigkeit
auffangen
Partner
Partnerin

Ort
Wo Sie wollen

Benötigtes Material
• Ein großes Stück stabile
  Pappe (ca. 60 x 90 cm)
• Eine Murmel oder eine
  kleine Kugel
• Ein Becher

Für alle kooperativen Spiele kann man sagen: Je weniger Anweisungen Sie geben, desto effektiver wird das Spiel. Machen Sie es vor, ermutigen und ermuntern Sie die Kinder – und treten Sie dann in den Hintergrund. Wenn Sie den Kindern gezeigt haben, wie es geht, können Sie sie anfeuern, aber geben Sie ihnen nur dann weitere Anleitungen, wenn es wirklich nötig ist. Treten Sie aus Ihrer Führungsposition heraus, so oft es möglich ist, und nehmen Sie einfach so weiter am Spiel teil.

So geht es

1. Bitten Sie die Kinder, sich eine/n Partner/in zu wählen und gemeinsam ein Spiel zu versuchen. Spielen Sie das Spiel vor, um ihnen die Regeln verständlich zu machen.

2. Halten Sie ein Stück Pappe schräg an die eine Kante des Tisches. Dies soll der „Abhang" sein. Das eine Kind soll eine Murmel diesen Abhang hinunterrollen lassen, die dann weiter über den Tisch bis zur gegenüberliegenden Kante läuft und dort von dem zweiten Kind mit einem Becher aufgefangen werden wird.

3. Geben Sie dann einem Kind die Murmel und dem anderen den Becher, und sagen Sie: *Laß die Kugel den Abhang hinunterrollen. Wir wollen sehen, ob es dein/e Partner/in schafft, sie aufzufangen, bevor sie auf den Boden fällt.*

4. Beginnen Sie das Spiel mit einem flachen Abhang. Lassen Sie nach und nach den Abhang steiler werden.

5. Fordern Sie die Kinder auf, die Rollen zu tauschen.

Und so geht's weiter

Wenn Sie eine größere Kugel bzw. einen größeren Becher nehmen, wird das Spiel einfacher.

• Überziehen Sie den „Abhang" mit glatten oder stumpfen Schichten. Sie können auch kleine Holzstückchen als Hindernisse aufkleben, so daß sich die Richtung der Kugel leicht ändert.

Für Dich, für mich oder für uns beide?

4–8 Jahre

Schlüsselwörter
Probleme lösen
Partner
Partnerin
großzügig
Rücksicht nehmen

Ort
Wohn- oder Spielzimmer

Benötigtes Material
• Für jedes Kinderpaar eine
  Serviette
• Für jedes Kind einen Voll-
  kornkeks o. ä.

Die Kinder können auf dieses Spiel unterschiedlich reagieren: Das Kind, das einen Keks erhält, kann ihn sofort auf-
essen; es kann den Keks nehmen, halbieren und eine Hälfte
an das Kind zurückgeben, das ihm den Keks gegeben hat; es
gibt die Kekshälfte erst nach langwieriger Verhandlung zurück. Die Entscheidungsmöglichkeiten erweitern sich, wenn
der zweite Keks auf die Serviette gelegt wird. Es ist in jedem
Fall wichtig, Kinder über mögliche Lösungen für einen Konflikt nachdenken zu lassen, anstatt daß sie einfach die Vorschläge von Erwachsenen übernehmen. Sie können Ihr Kind
dazu anleiten, ein/e Spezialist/in für Problemlösungen zu werden. Sie können mit ihm Brainstorming machen, um viele
mögliche Lösungen für einen Konflikt zu sammeln. Wenn
eine ausreichende Menge an Vorschlägen gesammelt ist, kann
man gemeinsam beginnen, die beste Entscheidung auszu-
wählen.

So geht es

1. Die Kinder sollten sich gründlich die Hände waschen.
Dann versammeln Sie sie um sich und sagen ihnen, daß Sie
ihnen Kekse geben wollen, daß sie sich aber vorher eine/n

Partner/in suchen und ein Problem lösen müssen. Die Paare setzen sich dann einander gegenüber.

2. Legen Sie die Servietten zwischen die Partner/innen und darauf einen Keks, den die Kinder noch nicht anfassen dürfen. Erklären Sie ihnen, worum es geht: *Wir haben da ein Problem. Ihr könnt den Keks nur dann bekommen, wenn eure Partner/innen ihn euch geben. Ihr dürft ihn nicht einfach selbst nehmen.* Erinnern Sie die Kinder an diese Spielregel, falls sie sie vergessen sollten.

3. Dann können die Paare beginnen, während Sie ihnen noch einmal die Spielregeln einschärfen. Wenn die Kekse verteilt sind, legen Sie einen zweiten auf die Servietten.

4. Fragen Sie die Paare, wie sie ihr Problem gelöst haben. Weisen Sie auf das kooperative Verhalten hin, das aufgetreten ist.

5. Wenn einige Kinder gar keinen Keks bekommen haben, können Sie ihnen dann einen Keks geben und ihnen für ihre Großzügigkeit danken.

Und so geht's weiter

Anstelle von Keksen können Sie auch wertlose Schmuckstücke oder andere Geschenke nehmen.
• Legen Sie gleich zu Beginn zwei Kekse auf die Serviette.

Flug mit dem Raumschiff

5–9 Jahre

Schlüsselwörter
etwas gemeinsam machen
helfen
vertrauen
freiwillig

Ort
Spielzimmer

Benötigtes Material
Ein kleiner, stabiler Kinder-
stuhl

Bei kooperativen Spielen kommt es auf Vertrauen an. Von jedem Kind wird erwartet, daß es all das zum gemeinsamen
Ziel beiträgt, was ihm seine Fähigkeiten erlauben. Jedes Kind
in der Gruppe muß sich auf die anderen verlassen können,
daß auch sie ihren Teil zum Spiel beitragen. Für die Durch-
führung dieses Spiels ist es günstig, auch ältere Kinder bzw.
erwachsene Freund/innen dabeizuhaben.

So geht es

1. Bilden Sie einen Kreis, in dessen Mitte Sie den Stuhl stellen. Sprechen Sie mit den Kindern über Raumschiffe. *Ist jemand von euch schon mal geflogen?*

2. Dann sollen sich die Kinder vorstellen, der Stuhl wäre ein
Raumschiff. Fragen Sie, ob ein Kind Lust hat, mit dem Raumschiff zu fliegen. Das Kind, das sich als erstes freiwillig gemeldet hat, nimmt auf dem Stuhl Platz.

3. Die anderen Kinder drängen sich um den Stuhl und versuchen, ihre Hände unter die Sitzfläche zu legen. Beginnen
Sie den Countdown bei Zehn. Wenn Sie rufen: *Der Start ist
erfolgt!*, sollen alle gemeinsam den Stuhl langsam hoch-

heben. Beaufsichtigen Sie das Spiel sehr aufmerksam, und geben Sie Hilfestellung, falls dies nötig wird. Wenn das Raumschiff vom Boden abgehoben hat, kann es einen kurzen „Flug" durch den Raum machen und dann zur „Abschußrampe" zurückkehren.

4. Danach dürfen andere Freiwillige fliegen.

Und so geht's weiter

Machen Sie mit den Kindern das Spiel „Der fliegende Teppich", und benutzen Sie anstelle des Lakens eine kleine Matte.

Das Spiegelspiel

5–9 Jahre

Schlüsselwörter
etwas gemeinsam machen
gleich
freiwillig
mitmachen

Ort
Spielzimmer

Benötigtes Material
Drei Stühle

Die Spiele in diesem Buch bauen aufeinander auf. Fünfjährige, die noch wenig Erfahrung mit kooperativen Spielen haben, werden eine Übung wie „Spiegelspiel" wahrscheinlich eher frustrierend finden. Mit Kindern, für die diese Übung zu schwierig ist, sollten Sie zuerst die einfacheren Spiele zu Beginn dieses Kapitels ohne Rücksicht auf das Alter spielen.

So geht es

1. Die Kinder bilden einen Kreis, in dessen Mitte Sie den ersten Stuhl stellen und direkt dahinter den zweiten. Der dritte Stuhl wird dem ersten Stuhl gegenübergestellt. Rücken Sie den zweiten Stuhl ein wenig nach links oder rechts, damit man von dort aus den dritten Stuhl sehen kann.

2. Sagen Sie den Kindern, daß Sie mit ihnen ein „Spiegelspiel" spielen wollen, und bitten Sie drei Freiwillige, auf den Stühlen Platz zu nehmen. Erklären Sie ihnen dann genau die Spielregeln.

3. Flüstern Sie dem Kind auf dem zweiten Stuhl ins Ohr, es soll den linken Arm heben. Bitten Sie das Kind auf Stuhl drei, diese Bewegung spiegelverkehrt nachzuahmen (also den rech-

132

ten Arm zu heben). Das Kind auf dem ersten Stuhl soll dann ebenfalls spiegelverkehrt die Bewegung des Kindes auf Stuhl drei nachahmen (also den linken Arm heben). Wenn alles richtig gemacht worden ist, nehmen jetzt die Kinder auf Stuhl eins und zwei eine seitengleiche Haltung ein. Wenn die Kinder das Spiel verstanden haben, geht's weiter.

4. Das Kind auf dem zweiten Stuhl soll nun mit den Händen und Armen langsame Bewegungen vormachen, so daß alle drei zusammen die gleichen bzw. spiegelverkehrten Bewegungen machen.

5. Nach ein paar Minuten tauschen die drei Kinder die Plätze. Wenn jedes Kind einmal auf jedem Stuhl gesessen hat, ist die nächste Dreiergruppe an der Reihe.

Und so geht's weiter

Anstelle von Hand- und Armbewegungen kann das Kind auf dem zweiten Stuhl auch verschiedene Gesichtsausdrücke oder Grimassen vormachen.

- Schwieriger wird das Spiel, wenn es im Stehen gespielt wird und das zweite Kind langsame kontinuierliche Bewegungen vormacht.

Fußball mit nur einem Tor

5–9 Jahre

Schlüsselwörter
etwas gemeinsam machen
Tor
Partner
Partnerin
Teamwork

Ort
Spielzimmer
Draußen

Benötigtes Material
- Ein mittelgroßer Karton (der als Fußballtor dient)
- Ein großer, weicher Ball (der in den Karton hineinpaßt)
- Ein etwa 40 cm langer Stoffstreifen oder Mullbinde
- Eine Eieruhr
- Ein Schwamm

Während der Schulzeit kann das Selbstbewußtsein der Kinder darunter leiden, daß eine lobenswerte Leistung immer mehr mit Gewinnen gleichgesetzt wird. An der Spitze ist immer nur für eine Person Platz.

So geht es

1. Bitten Sie die Kinder, sich eine/n Partner/in zu suchen. Sie werden gut miteinander arbeiten müssen, um einen Ball ins Tor zu schießen, denn eines ihrer Beine wird mit einem Bein ihrer Partnerin bzw. ihres Partners zusammengebunden sein.

2. Stellen Sie den Karton mit der Öffnung nach vorn in eine Ecke des Raums, und bitten Sie die Paare, sich in der gegenüberliegenden Ecke aufzustellen. Dann binden Sie dem ersten Paar mit einem Stoffstreifen die Beine an den Knöcheln zusammen. (Klemmen Sie ggf. einen Schwamm dazwischen, damit sie sich nicht weh tun.)

3. Legen Sie den Ball vor ihre Füße, und sagen Sie ihnen, sie müßten nun den Ball mit den zusammengebundenen Füßen ins Tor in der gegenüberliegenden Ecke schießen, bevor die Uhr klingelt.

4. Stellen Sie auf der Uhr drei bis vier Minuten ein, und sagen Sie den Kindern, sie könnten beginnen.

5. Wenn das Paar den Ball ins Tor gebracht hat oder die Uhr vorher abgelaufen ist, kommt das nächste Paar an die Reihe.

Und so geht's weiter

Sie können den Schwierigkeitsgrad dieser Übung verändern, indem Sie mit unterschiedlichen Ball- bzw. Torgrößen arbeiten.

- Lassen Sie zwei Paare gleichzeitig mit zwei Bällen spielen. Wenn ein Paar seinen Ball im Tor hat, kann es dem zweiten Paar helfen, auch dessen Ball ins Tor zu schießen.
- Richtig schwierig wird es, wenn die Kinder den Ball mit der Ferse ins Tor schießen sollen.

Hinein in die Kiste!

5–9 Jahre	**Ort**
	Spielzimmer
Schlüsselwörter	Draußen
etwas gemeinsam machen	
führen	**Benötigtes Material**
Partner	• Ein kleiner, weicher Ball
Partnerin	• Ein großer Pappkarton
tauschen	• Augenbinde
Anweisungen geben	

Der Vergleich mit anderen ist ein natürlicher Teil des Erwachsenwerdens und trägt zur Selbsteinschätzung der eigenen Fähigkeiten bei. Für eine solche Selbsteinschätzung braucht man aber nicht unbedingt den Wettkampf. Jeder Mensch sollte ein gestecktes Ziel erreichen und auch anderen dabei helfen können. Der eigene Erfolg muß nicht vom Scheitern eines anderen Menschen abhängen. Der Erfolg des einen kann den anderen dazu anspornen, ebenfalls Erfolg zu haben.

So geht es

1. In diesem Spiel wird ein Kind mit einer Augenbinde von einer Partnerin bzw. einem Partner geführt, so daß es einen Ball in einen Karton fallen lassen kann.

2. **Runde 1:** Das Kind mit der Augenbinde nimmt den Ball und dreht sich einige Male um die eigene Achse. Dann streckt es den Arm mit dem Ball aus und läßt diesen fallen. Das andere Kind fängt den Ball mit dem Karton auf.

136

3. **Runde 2:** Stellen Sie den Karton neben oder hinter das Kind mit der Augenbinde. Sein/e Partner/in leitet es nun so an, daß es den Ball in den Karton fallen lassen kann. Lassen Sie die beiden die Rollen tauschen und das Spiel wiederholen. Wenn sie darin geübt sind, können sie die dritte Runde beginnen.

4. **Runde 3:** Der Karton wird wenige Meter vom Kind mit der Augenbinde entfernt auf den Boden gestellt und der Ball hineingelegt. Ziel ist es nun, daß das andere Kind seiner Partnerin bzw. seinem Partner mit der Augenbinde durch Anweisungen hilft, den Ball aus dem Karton zu nehmen. Lassen Sie die beiden die Rollen tauschen und das Spiel wiederholen. Wenn sie darin geübt sind, können sie die vierte Runde beginnen.

5. **Runde 4:** Der Karton wird wenige Meter vom Kind mit der Augenbinde entfernt auf den Boden gestellt. Es erhält den Ball in die Hand und wird dann von seiner Partnerin bzw. seinem Partner quer durch den Raum geführt, bis es den Ball in den Karton fallen lassen kann.

6. Bleiben Sie sicherheitshalber immer in der Nähe des Kindes mit der Augenbinde.

Und so geht's weiter

Mit älteren Kindern können Sie das Spiel schwieriger gestalten, indem Sie Stühle oder auch andere Kinder als Hindernisse in den Weg stellen. Es ist klar, daß Sie dann besonders aufmerksam Aufsicht führen müssen. Wie bei der Übung „Nachtflug" im folgenden Kapitel müssen Sie auch bei diesem Spiel den Kindern bei den Anweisungen für die Bewegungen helfen.

Eine spannende Geschichte

5–9 Jahre

Schlüsselwörter
etwas gemeinsam machen
zuhören
geduldig
beitragen
gemeinsam
fortsetzen

Ort
Spielzimmer

Benötigtes Material
Kein besonderes Material
erforderlich

Damit diese Übung gelingt, müssen die Kinder ihre Wortbeiträge an die ihrer Vorgängerin bzw. ihres Vorgängers anschließen. Sie müssen geduldig zuhören, bis sie an der Reihe sind, ihren Beitrag zu leisten.

So geht es

1. Sagen Sie den Kindern, daß sie nun ein Spiel spielen sollen, in dem es darum geht, so zusammenzuarbeiten, daß sie schließlich eine gemeinsame Geschichte erzählt haben. Erklären Sie sich bereit, den Anfang zu machen. Wenn Sie eine Zeitlang erzählt haben, brechen Sie ab, und nun soll ein Kind ihre begonnene Geschichte fortsetzen. Danach ist ein anderes Kind an der Reihe, bis schließlich alle Kinder etwas zu der Geschichte beigetragen haben.

2. Wenn Sie sicher sind, daß alle verstanden haben, wie es geht, beginnen Sie z.B. mit folgender Geschichte (oder denken Sie sich eine eigene aus). Sie können die Geschichte weiter ausschmücken, um sie spannender zu machen:

Es waren einmal ein kleines Mädchen und ein kleiner Junge, die wohnten Tür an Tür und waren gute Freunde. Eines Tages waren sie es endgültig leid, immer von den Erwachsenen herumkommandiert zu werden, und deshalb beschlossen sie, einfach wegzulaufen. Sie füllten zwei kleine Taschen mit Lebensmitten, und als sie gerade niemand beobachtete, machten sie sich auf der Straße, die an ihrem Haus vorbeiführte, davon.

Aber schon bald mündete die Straße in einen Wald. „Das ist aber seltsam", dachten sie, „wir wußten ja gar nicht, daß so ganz in der Nähe ein Wald ist". Da sie nun aber so gar keine Lust hatten, schon wieder umzukehren, marschierten sie in den Wald hinein. Am Anfang war es im Wald ja noch schön warm, die Sonne glitzerte durch die Bäume, und sie konnten den wundervollen Gesang der Vögel hören. Aber dann wurde es langsam immer dunkler und kälter, und aus allen Richtungen waren schaurige Geräusche zu hören.

Da beschlossen die Kinder, den Wald doch wieder zu verlassen. Aber als sie sich umdrehten, um den Weg zurückzugehen, da war da plötzlich gar kein Weg mehr, sondern statt dessen riesige Felsblöcke und dornige Büsche. Mit jedem Schritt, den sie gegangen waren, war der Weg hinter ihnen verschwunden – um es gleich zu sagen: es war nämlich ein Zauberweg. Es blieb ihnen also gar nichts anderes übrig, als weiter geradeaus zu gehen.

Nach einer Weile machte der Weg plötzlich einen Knick, und sie hörten Geräusche, die wohl von dort herkamen, aber sie konnten nicht sehen, wer die Geräusche machte. Was sie aber merken konnten, war, daß die Geräusche immer näher kamen. Da blieben die beiden Kinder stehen und nahmen sich fest in den Arm. Denn plötzlich kam da was um die Ecke, und das war ... (An dieser Stelle fordern Sie eines der Kinder auf, die Geschichte weiterzuerzählen. Niemand soll die neue Erzählerin bzw. den neuen Erzähler unter-

brechen, bis diese/r aufgehört hat. Mit einfachen Fragen können Sie dem Kind, das gerade die Geschichte erzählt, hin und
wieder helfen, die Geschichte zu entfalten: „*Oh nein! Es ist
tatsächlich ein Drache! Was für eine Farbe hat er denn?
Ist es ein netter oder ein böser Drache? Und was geschah
dann?*")

3. Wenn alle Kinder an der Reihe waren und Sie das Gefühl
haben, daß es nun Zeit wird, die Geschichte zu beenden,
können Sie z. B. folgendes Ende erzählen:

*Da plötzlich wurde das kleine Mädchen sehr müde. Sie legte
sich auf den Waldboden, und im nächsten Moment war sie
auch schon eingeschlafen. Sie wurde erst wieder wach, als
jemand heftig ihren Arm schüttelte: „Nein, nein, geh weg!"
dachte sie, und dann öffnete sie endlich ihre Augen und sah,
daß sie in ihrem Bett lag. Vor ihrem Bett stand ihre Mutter
und schüttelte ihren Arm: „Guten Morgen, Sarah, es ist Zeit
aufzustehen." – „Oh, Mutti, ich hatte einen (komischen,
schrecklichen, aufregenden) Traum! Er handelte von …"* (fassen Sie die Geschichte kurz zusammen, so daß alle Kinder
auch ihren Beitrag dazu wiedererkennen). – *„Donnerwetter,
was für ein Traum!" sagte ihre Mutter. „Das kannst du wohl
laut sagen", antwortete Sarah.*
ENDE

Und so geht's weiter

Laden Sie Freund/innen oder Kolleg/innen ein, die gut Geschichten erzählen können. Vielleicht können sich aber auch
die Kinder eigene spannende Fortsetzungsgeschichten ausdenken. Mit kleineren Kindern sollten Sie immer nur einfache und kurze Geschichten üben.

Kapitel 4

Kann ich etwas für Dich tun?

Kleine Kinder sind naturgemäß „egozentrisch" veranlagt. Das heißt aber nicht, daß sie selbstsüchtig sind. Vielmehr äußert sich ihre Freundlichkeit und ihr Bemühen in Abhängigkeit von ihrem eigenen Blickwinkel, ohne berücksichtigen zu können, was eine andere Person vielleicht viel eher benötigen würde.

Beispielsweise kann es geschehen, daß ein Kleinkind seiner kranken, schlafenden Mutter seinen Teddy gibt, um sie zu trösten. Weil es selbst durch den Teddy Trost erfährt, glaubt das Kind, auch seiner Mutter würde das helfen. Erst wenn die Kinder älter werden, lernen sie Hilfen anzubieten, die auch aus der Sicht der anderen Person angemessen, notwendig und erwünscht sind.

Ich pflege meine Pflanze

| 3–6 Jahre |

Schlüsselwörter
Leben
wachsen
sich kümmern
sorgfältig
keimen

Ort
Spielzimmer bzw.
Draußen

Benötigtes Material
- Genug Samen für alle
  Kinder (Dill, Schnittlauch,
  Ringelblume oder andere
  Samen, die schnell keimen)
- Für jedes Kind ein Behälter
  mit Erde
- Filzstift

In diesem Spiel sollen die Kinder eine Zeitlang die Verantwortung für eine eigene Pflanze übernehmen: Sie stecken einen Samen in die Erde und sorgen für die heranwachsende Pflanze. Man sollte sie jeden Tag an die Verantwortung erinnern, die sie übernommen haben. Wenn Sie wollen, können Sie einen Plan erstellen. Auf diesem können die Kinder jeden Tag ihre botanische Aufgabe abhaken, nachdem sie sie erledigt haben. Dieses und das folgende Spiel sollten Sie mit Ihrem eigenen Kind durchführen oder mit Kindern, die regelmäßig zu Ihnen kommen.

So geht es

1. Schütten Sie die Samenkörner aus den Beuteln, und zeigen Sie sie den Kindern. Sprechen Sie mit ihnen darüber, wie sie wachsen werden, wenn man sie in die Erde sät und regelmäßig mit Wasser begießt.

2. Verteilen Sie die Behälter mit der Erde an die Kinder, und bitten Sie sie, ihren Samen zu säen. Danach werden die Behälter mit den Namen der Kinder versehen und an einen Ort gestellt, wo sie Sonnenlicht bekommen.

3. Die Kinder sollen ihre Pflanzen nun regelmäßig gießen und sich um sie kümmern. Wenn Sie wollen, machen Sie einen Plan mit allen Namen und Aufgaben, auf dem die Kinder täglich abhaken können, wenn sie alles erledigt haben.

4. Sprechen Sie mit den Kindern über die Pflege, die Pflanzen zum Gedeihen benötigen. Sie können das Gespräch auch auf die notwendige Sorge um Säuglinge und Kleinkinder lenken, die lebenswichtig ist.

Und so geht's weiter

- Fordern Sie die Kinder auf, eine Zeitlang die Pflanzen immer bei sich zu haben. Wenn sie dann z. B. nach draußen gehen, müssen sie einen geschützten Ort für sie finden, während sie spielen.
- Wenn die richtige Jahreszeit gekommen ist, können die Kinder ihre Schützlinge vorsichtig aus den Behältern nehmen und draußen in den Boden pflanzen. Die Verantwortung fürs Bewässern und Unkrautjäten können die Kinder dann untereinander aufteilen.

Wir adoptieren einen Baum!

3-6 Jahre

Schlüsselwörter
Leben
wachsen
sorgfältig
etwas gemeinsam machen
sich kümmern
Verantwortung
gesund

Ort
Draußen

Benötigtes Material
• Dünger
• Wassereimer
• Einfache Gartengeräte

Bei diesem Spiel sollen die Kinder das Leben außerhalb der vertrauten vier Wände kennenlernen – ein Leben, auf das sie nur wenig Einflußmöglichkeiten haben. Sie beginnen hier, ihren Verantwortungsbereich zu erweitern.

So geht es

1. Erzählen Sie den Kindern, daß sie draußen gemeinsam einen kleinen Baum suchen sollen, den sie „adoptieren" werden. Das bedeutet, daß jedes Kind der Gruppe eine bestimmte Aufgabe verantwortlich übernimmt, damit der Baum gesund bleibt, wächst und groß und stark wird.

2. Gehen Sie mit den Kindern nach draußen, und suchen Sie mit ihnen ein kleines Bäumchen, das ganz in der Nähe des Gebäudes liegt und leicht zu Fuß zu erreichen ist.

3. Setzen Sie sich mit den Kindern um den Baum, und sprechen Sie mit ihnen darüber, was er braucht, um kräftig und gesund zu sein. Welche Art von Pflege können die Kinder

144

dem Baum zukommen lassen? Wie wird sich diese Pflege im Laufe des Jahres verändern müssen? Stellen Sie die verschiedenen Aufgaben heraus, die die Kinder übernehmen sollen: Unkraut jäten und das Gras stutzen, den Boden düngen, mit Wassereimern bewässern sowie mit Mulch (z. B. zerkleinerter Rinde oder Torf) bedecken und nach etwaigen Schädlingen suchen.

4. Während der folgenden Woche sollten Sie die verschiedenen Aufgaben an die Kinder verteilen und einen Plan erstellen, der die kontinuierliche Pflege des Baums auch für den Rest des Jahres festlegt.

5. Suchen Sie den Baum regelmäßig auf, um zu sehen, wie er sich entwickelt.

Und so geht's weiter

Sie können auch einen Stadtpark o. ä. aufsuchen, um dort ein kleines Bäumchen zu „adoptieren". (Es sollte außerhalb der Aufsicht und Pflege des für die Parkbäume zuständigen Personals liegen.) Immer wenn Sie den Park besuchen, können Sie und die Kinder sich dann um das Bäumchen kümmern, und ein Picknick in seiner Nähe wird im Sommer großen Spaß machen.

Ich kann nichts sehen!

3–6 Jahre

Schlüsselwörter
blind
Berührung
Geräusch
Geruch
nett
Hilfe

Ort
Spielzimmer
Draußen

Benötigtes Material
• Eine Augenbinde
• Drei Gegenstände, die man
  ertasten oder erriechen oder
  an ihrem Geräusch erkennen
  kann.

Diese Übung gibt Kindern die Gelegenheit, die Wirkung von Augenbinden zu erkennen, ohne daß sie selbst eine tragen müssen. Zudem können sie lernen, wie man einem anderen Menschen helfen kann. Es sollte eine andere erwachsene Person dabei sein, wenn Sie die Augenbinde tragen.

So geht es

1. Sprechen Sie mit den Kindern über „Blindheit". Haben die Kinder schon einmal einen blinden Menschen getroffen? Wie schaffen es blinde Menschen, sich in der Welt zurechtzufinden? Sprechen Sie mit den Kindern darüber, warum die anderen Sinne wie Tast-, Hör- oder Geruchssinn für blinde Menschen so überaus wichtig sind. Zeigen Sie Ihre ausgewählten Gegenstände, und lassen Sie die Kinder überlegen, wie ein blinder Mensch jeden einzelnen Gegenstand identifizieren könnte.

2. Dann sagen Sie den Kindern, daß Sie nun so tun wollen, als seien Sie blind. Dafür würden Sie sich für eine gewisse Zeit

die Augen verbinden, und die Kinder sollen Ihnen irgendwelche Gegenstände bringen, die sie im Raum finden, damit Sie sie am Geräusch, Geruch oder durch Betasten erkennen.

3. Wenn Sie Ihre Augen verbunden haben, bitten Sie die Kinder, sich die Gegenstände auszusuchen und Ihnen vorzulegen. Nehmen Sie sich ein wenig Zeit, um an den Gegenständen zu riechen, sie zu ertasten, zu schütteln oder abzuklopfen. Wenn Sie alle Gegenstände benannt haben, geben Sie sie den Kindern zurück, damit sie sie wieder an die alten Plätze legen.

4. Danach können Sie die Augenbinde wieder abnehmen und den Kindern für ihre Hilfe danken. Fassen Sie zusammen, welche Erfahrungen Sie bei diesem Spiel gemacht haben.

Und so geht's weiter

Das Spiel wird schwieriger, wenn Sie ein Kind bitten, Sie zu irgendeiner Stelle im Raum zu führen.
• Wenn Sie das Spiel draußen durchführen, sollten Ihnen andere Erwachsene bei der Aufsicht der Kinder helfen.

Ein Vogel-Festessen

Schlüsselworte
nett
sich kümmern
Hunger
Tierwelt

Ort
Küche bzw.
Draußen

Benötigtes Material
- Kiefernzapfen oder Äpfel
- Margarine oder anderes pflanzliches Fett
- Getreidehalme
- Vogelfutter
- Schnur
- Schere
- Eine Schachtel oder einen kleinen Karton

Gegenüber der Pflanzenwelt ist es für die Kinder in der Tierwelt schwieriger, rücksichtsvollen Umgang zu üben. Tiere sind zwar in der Lage, für sich selbst zu sorgen, profitieren aber auch von der Rücksicht und Fürsorglichkeit anderer. Wählen Sie für das Spiel eines Jahreszeit, in der die Futtersuche für Vögel besonders beschwerlich ist.

So geht es

1. Sprechen Sie mit den Kindern darüber, wie sie auch für Tiere sorgen und ihnen Nahrung geben können. Wenn in Ihrer Gegend während des Winters die Nahrung für die Vögel knapp wird, sprechen Sie mit den Kindern über die Gründe dafür, und erörtern Sie mit ihnen die verschiedenen Möglichkeiten, nett und hilfreich gegenüber der Tierwelt zu sein.

2. In der Küche können Sie dann mit den Kindern besonderes Futter für die Vögel vorbereiten.

3. Lassen Sie die Kinder Kiefernzapfen oder Äpfel in Margarine (oder anderem pflanzlichem Fett) rollen und dann in Vogelfutter wälzen.

4. Befestigen Sie daran kleine Schnurstücke mit losen Enden oder einer Schlaufe, damit sie als „Vogelmahlzeiten" aufgehängt werden können.

5. Die Kinder können auch getrocknete Getreidehalme durch Fett rollen und eine Aufhängeschnur daran befestigen.

6. Bewahren Sie die verschiedenen Vogelmahlzeiten dann in einer Schachtel auf.

7. Sprechen Sie dann mit den Kindern über ihre Fürsorglichkeit. Nehmen Sie sie schließlich mit nach draußen, damit sie sich einen nahen Baum aussuchen, an dessen Ästen und Zweigen sie ihre Vogelmahlzeiten aufhängen können. Es sollte möglichst ein Baum sein, den man vom Gebäude aus sehen kann.

8. Wenn die Mahlzeiten am Baum befestigt sind, können die Kinder Hand in Hand um den Baum herumtanzen und dabei mit Ihnen folgendes kleine Gedicht sprechen:

Hallo, ihr lieben Vögel,
im Winter habt ihr's schwer,
drum schaffen wir für euch
ein leckeres Essen her.

Und so geht's weiter

Je nachdem, wo Sie leben, können Sie auch für andere Tierarten entsprechendes Futter bereitstellen.

Aua, aua!

3–6 Jahre	**Ort** Spielzimmer

Schlüsselwörter
sich verletzen
helfen
Blut
sich kümmern
Angst
Traurigkeit

Benötigtes Material
- Dicke, rote Farbe und ein kleiner Pinsel
- Für jedes Kind (und für Sie) einen kleinen, feuchten Schwamm und trockene Papiertücher
- Für jedes Kind mindestens ein Heftpflaster

Ziel dieses Spiels ist es, Kindern Mut zu machen, anderen ihre Hilfe und Pflege anzubieten – und nicht, ihnen zu zeigen, wie man ein Heftpflaster richtig aufklebt. Zwar werden Sie kleineren Kindern beim Aufkleben eines Heftpflasters auf die „Wunde" ihrer Partner/innen helfen müssen, aber Sie sollten im Hinterkopf behalten, daß diese Übung kein Erste-Hilfe-Kurs ist.

So geht es

1. Fragen Sie die Kinder, ob sie sich schon einmal geschnitten haben. Was ist eigentlich Blut? Haben sie schon einmal eine blutende Wunde bei einem anderen Menschen gesehen? Was bedeutet „sich verletzen"? Erklären Sie ihnen, daß sie nun eine Übung mit ihnen machen wollen, bei der sie sich gegenseitig helfen. Jemand soll so tun, als habe er sich verletzt, und „Aua, aua!" rufen.

150

2. Nehmen Sie Farbe und Pinsel, und sagen Sie den Kindern, daß Sie nun so tun wollen, als hätten Sie sich am Finger verletzt. Tupfen Sie ein wenig rote Farbe auf einen Finger, und sagen Sie z.B.: *„Aua, aua! Das sieht so aus, als hätte ich mir in den Finger geschnitten. Kann mir jemand helfen!"* Ein/e freiwillige/r Helfer/in soll nun mit einem Schwamm die „Wunde" reinigen und mit einem Papiertuch trocknen. Danach soll sie oder er ein Heftpflaster über die „Wunde" kleben.

3. Bitten Sie die Kinder, sich eine/n Partner/in zu suchen und sich nun in gleicher Weise gegenseitig zu helfen. Geben Sie jedem Paar einen Schwamm, Papiertücher und Heftpflaster. Dann sollen die Paare überlegen, wer von beiden die „Wunde" hat und wer sie „versorgt". Die Kinder mit der „Wunde" können selbst bestimmen, wo sie sein soll. Auf diese Stelle tupfen Sie jeweils etwas rote Farbe. (Achten Sie darauf, daß es wirklich nur wie ein ganz kleiner Schnitt aussieht.) Dann nimmt das andere Kind einen Schwamm, Papiertücher und Heftpflaster, um die „Wunde" zu reinigen, zu trocknen und zu verpflastern.

4. Danach sollten die Partner/innen die Rollen tauschen.

Und so geht's weiter

Wenn Sie sich demnächst einmal leicht schneiden sollten, können Sie Ihr Kind auffordern, Ihnen ein Pflaster aufzukleben. Auch wenn Sie sich bei solchen kleinen Unfällen vermutlich besser und schneller selbst helfen können, sollten Sie ihr Kind trotzdem um Hilfe bitten: Dies wird das Selbstbewußtsein Ihres Kindes stärken und gibt ihm die Möglichkeit, praktische Erfahrung zu sammeln, wenn es darum geht, anderen zu helfen bzw. sich um andere zu kümmern.

Zarte Hände

3–6 Jahre

Schlüsselwörter
zärtlich
Partner
Partnerin
die Hände reichen
etwas gemeinsam machen

Ort
Spielzimmer

Benötigtes Material
Handcreme

Dieses Spiel gibt den Kindern Gelegenheit, sich auf eine Weise, die ihnen Spaß machen wird, sanft zu berühren. Ein guter Zeitpunkt für das Spiel ist immer dann, wenn sich die Kinder gerade die Hände gewaschen haben.

So geht es

1. Bitten Sie die Kinder, sich Partner/innen zu suchen, um Paare zu bilden. Jedes Paar sitzt einander gegenüber, während Sie jedem Kind etwas Handcreme in die Hand geben. Bitten Sie die Kinder herauszufinden, wie sich die Handcreme anfühlt, während sie sich damit die Hände einreiben. Dann sollen sich die Partner/innen die Hände reichen und – indem sie sich gegenseitig die Handcreme einmassieren – die Hände des anderen kennenlernen.

2. Bitten Sie danach die Kinder, sich in einem engen Kreis aufzustellen und ihre Hände zur Kreismitte hin auszustrecken, so daß sich alle an ihren Händen berühren können. Geben Sie noch mehr Handcreme über ihre Hände, und ermuntern Sie sie, die unterschiedliche Beschaffenheit der Haut auf ihren Händen zu erkunden und dabei möglichst sanft zu

sein. Bringen Sie noch mehr Bewegung in das Spiel, indem Sie den Kindern vorschlagen, mal die Handflächen nach oben und dann wieder nach unten zu halten.

Und so geht's weiter

Anstelle einer Handcreme geben Sie jedem Kind einen kleinen Klumpen weicher Knetmasse in die Hand. Schaffen sie es, die vielen kleinen Klumpen zu einem großen Klumpen zusammenzukneten?
Das Spiel bereitet besonders viel Spaß, wenn man es mit den Füßen macht.

Was fehlt Dir denn?

4–8 Jahre	**Ort** Spielzimmer

Schlüsselwörter
krank
zärtlich
sich schlecht fühlen
sich kümmern

Benötigtes Material
- Decke
- Kopfkissen
- Waschlappen
- Schüssel mit ein wenig warmem Wasser

Sich um eine Person zu kümmern ist eine ziemlich komplexe Tätigkeit. Einem anderen Menschen mit einem Waschlappen die Stirn zu kühlen oder ihn mit einer Decke zuzudecken, das sind Beispiele für einfache Aufgaben, die ein kleines Kind schnell lernen und dann durchführen kann. Sie können dann schon z. B. einen anderen in den Arm nehmen, Erwachsene um Hilfe bitten oder trostspendende Gegenstände, etwa eine Decke oder ein Spielzeug, besorgen. Erläutern Sie in diesem Spiel in einfachen Worten die Gründe und Konsequenzen von krank oder verletzt sein. Vermeiden Sie falsche Beispiele, in denen Sie Bakterien oder Viren als Insekten o. ä. darstellen. Beschreiben und erklären Sie verschiedene Krankheitssymptome, z. B. Halsentzündung, Husten, Fieber, Magenverstimmung. Wirken Sie beruhigend auf solche Kinder ein, die mit Furcht auf Themen wie Krankheit oder Unfall reagieren.

So geht es

1. Fragen Sie die Kinder, ob sie schon einmal krank waren. Nehmen Sie sich ruhig etwas Zeit, um über den Verlauf ihrer Krankheiten sprechen zu können.

2. Dann erzählen Sie ihnen folgende Geschichte:

Es war einmal ein kleines Mädchen, das wohnte in Bad But-
terbeere und hieß Mariella. Eines Tages nun wurde Mariella
sehr krank. Ihre Mutti brachte ihr eine Decke und ein Kopf-
kissen, damit sie sich hinlegen konnte. Da Mariella krank
war, bekam sie Fieber, und ihr wurde richtig heiß. Ihre Mutti
und ihr Vati nahmen einen feuchten Waschlappen und wu-
schen damit zärtlich ihr Gesicht, um Mariella ein wenig
Kühlung zu verschaffen. Und was soll ich sagen? Nach zwei
Tagen Bettruhe und liebevoller Pflege durch die Eltern fühlte
sich Mariella endlich besser und konnte wieder zur Schule
(zum Kindergarten) gehen. ENDE

3. Sagen Sie den Kindern, daß es in diesem Spiel nun darum
geht, so zu tun, als müsse ein/e Kranke/r gepflegt werden, und
bitten Sie um freiwillige Meldung für die Rolle des „kranken"
Kindes. Dieses Kind geht in die Kreismitte, legt sich dort auf
den Rücken und deutet dann auf ein anderes Kind, das ihm
helfen soll.

4. Bitten Sie das Kind, das die Pflegerolle übernommen hat,
ein Kissen unter den Kopf des „kranken" Kindes zu legen und
es mit einer Decke zuzudecken. Stellen Sie dann die Schüssel
mit dem Waschlappen neben den Kopf des „kranken" Kindes,
und bitten Sie es, die Augen zu schließen. Nun soll das „pfle-
gende" Kind den Waschlappen in das warme Wasser tauchen
und sanft dessen Stirn und Wangen betupfen.

5. Bitten Sie danach ein anderes freiwilliges Kind, so zu tun,
als sei es krank. Wiederholen Sie das Spiel noch ein paarmal.

Und so geht's weiter

- Machen Sie aus einem Zimmer ein „Hospital", und lassen
  Sie zwei oder drei Kinder so tun, als seien sie krank.
- Wenn Sie einmal Kopfschmerzen haben oder einfach nur
  ein wenig Ruhe und Entspannung brauchen, können Sie ihr
  Kind bitten, Ihnen einen feuchten Waschlappen auf die
  Stirn zu legen.

Selbstgemachte Geschenkgutscheine

4–8 Jahre	**Ort**
	Spielzimmer

Schlüsselwörter
großzügig
verschenken
helfen
nett sein

Benötigtes Material
- Papp- oder Karteikärtchen in Postkartengröße
- Füllhalter
- Buntstifte oder Filzstifte
- Briefumschläge

In unserer an materiellen Dingen orientierten Gesellschaft denken Kinder bei dem Wort „Geschenk" eigentlich nur an käufliche Gegenstände. Man kann aber auch Hilfeleistungen (z.B. beim Putzen helfen) oder kreative Produkte (z.B. ein selbstgemaltes Bild) zum Geschenk machen. Dieses Spiel versucht ein wenig den Eindruck zu korrigieren, den die Kinder durch die kommerziellen Werbebotschaften der Massenmedien vermittelt bekommen.

So geht es

1. Bitten Sie die Kinder, Dinge zu nennen, die andere Familienmitglieder gern geschenkt bekommen würden. Was ist eigentlich ein Geschenk? Machen Sie den Kindern klar, daß etwas Nettes, das man einem anderen zukommen läßt, auch ein Geschenk ist. Bitten Sie die Kinder, sich Beispiele zu überlegen, wie sie zu einem anderen Familienmitglied „nett" sein können. Nennen Sie zur Verdeutlichung selbst einige Beispiele aus Ihrer eigenen Erfahrung.

2. Sagen Sie dann den Kindern, daß sie einen Stapel von Geschenkgutscheinen herstellen sollen. (Vermutlich werden Sie

ihnen erklären müssen, was ein Gutschein ist.) Auf die Geschenkgutscheine sollen sie schreiben, wie sie zu den anderen Familienmitgliedern nett sein können.

3. Die Kinder sollen dann überlegen, wie sie zu einem Familienmitglied nett sein können. Helfen Sie den Kindern dabei, verschiedene Geschenke für ihre Angehörigen zu finden (z. B.: „Gutschein für eine zärtliche Umarmung", „Gutschein für ein Lied", „Gutschein für meine Hilfe beim Abwaschen" usw.), so daß sie für jedes Familienmitglied zwei Geschenkgutscheine haben.

4. Jede Geschenkidee wird auf ein eigenes Kärtchen geschrieben, das die Kinder dann mit Buntstiften oder Filzstiften noch hübsch bemalen können. Vielleicht schaffen sie es, die nette Handlung, die auf dem Gutschein versprochen wird, entsprechend zu illustrieren.

5. Jeder Geschenkgutschein wird dann in einen separaten Briefumschlag gesteckt und mit dem Namen des entsprechenden Familienmitglieds beschriftet.

Und so geht's weiter

Veranstalten Sie mit den Kindern eine „Nette Woche": Die Kinder verteilen untereinander und an Sie Gutscheine, die im Laufe dieser Woche eingelöst werden können, z. B.: „Ich tröste Dich, wenn Du traurig bist!", „Ich teile mit Dir meinen Schokoriegel!" usw. Auch Sie können Ihrem Kind eine kleine Auswahl von Geschenkgutscheinen geben, die Ihr Kind bei Ihnen einlösen kann, z. B.: „Wenn Du mir an einem sonnigen Wochenende diesen Gutschein gibst, werden wir in den Zoo gehen." Sie sollten auf den Geschenkgutscheinen nur das versprechen, was Sie auch wirklich halten können. Pro Tag sollte immer nur ein Gutschein eingelöst werden können. Sie können die Gutscheine auch für besondere Anlässe aufheben, Geburtstag, Ferien o. ä.

Ein Paket mit Überraschungen

4–8 Jahre	**Ort** Spielzimmer

Schlüsselwörter
blind
Sinne
sehen
berühren
riechen
hören
verschenken

Benötigtes Material
- Für jedes Kind eine Augenbinde
- Für jedes Kind ein Überraschungspaket mit einem interessanten Gegenstand, z.B. ein kleines Stofftier, ein Notizblock, ein Stück eines Puzzlespiels usw.

Dieses Spiel gibt Kindern die Gelegenheit, auf eine nette Weise und ohne Angst die Wirkung von Augenbinden zu erproben, weil sie sitzen bleiben dürfen und so die Kontrolle behalten können. Geben Sie den Kindern das Gefühl von Sicherheit, indem Sie in ihrer Nähe bleiben und gegebenenfalls helfend einspringen.

So geht es

1. Bitten Sie die Kinder, für einige Momente die Augen zu schließen. Sprechen Sie mit ihnen darüber, was es bedeutet, nicht sehen zu können, d.h. blind zu sein. Was bzw. wie würden sie empfinden?

2. Zeigen Sie den Kindern die Augenbinden, und führen Sie ihnen an sich selbst vor, wie man sich eine Augenbinde umlegt. Wenn Sie Ihre Augen verbunden haben, schildern Sie, was Sie mit Hilfe der übrigen Sinne wahrnehmen. Was hören Sie? Was können Sie um sich herum ertasten? Was kön-

nen Sie riechen? Nehmen Sie Ihre Augenbinde wieder ab, und geben Sie jedem Kind eine.

3. Sagen Sie den Kindern, daß sie nun so tun sollen, als könnten sie nicht sehen. Sagen Sie ihnen, daß Sie ihnen etwas geben werden, was sie ertasten, riechen oder hören können. Dann legen Sie vor jedes Kind ein Überraschungspaket und bitten alle, die Augenbinden umzulegen. Weisen Sie sie darauf hin, unbedingt sitzen zu bleiben.

4. Wenn alle bereit sind, dürfen sie ihre Überraschungspakete öffnen und herausfinden, was sich in ihnen befindet. Ermuntern Sie die Kinder, an den Gegenständen zu riechen, sie zu betasten oder auch zu schütteln, um zu hören, welche Geräusche sie machen. Es geht bei diesem Spiel weniger darum, die Gegenstände zu erraten, als vielmehr um die Erfahrungen, die die Kinder dabei machen können.

5. Nach etwa einer Minute können Sie den Kindern erlauben, die Augenbinden wieder abzunehmen, damit sie sehen können, was sich tatsächlich in ihrer Tüte befindet.

6. Zwingen Sie kein Kind, sich die Augen zu verbinden. Einige müssen es vermutlich erst an anderen Kindern sehen, bevor sie selbst den Mut und die Sicherheit haben, es ihnen nachzumachen. Manchen wird es angenehmer sein, einfach nur die Augen zu schließen.

Und so geht's weiter

Wenn die Kinder dazu bereit sind, können Sie mit ihnen die Erfahrung des Nicht-Sehen-Könnens auch ausdehnen: Nachdem die Kinder den Gegenstand aus ihrem Paket genommen und erkundet haben, reichen sie ihn an das Kind zu ihrer Rechten weiter. Alle dreißig Sekunden werden nun auf diese Weise die Gegenstände zur weiteren Erkundung weitergereicht. Erklären Sie aber die Spielregeln, bevor die Kinder die Augenbinden tragen.

Eine lebendige Puppe

Schlüsselwörter
sanft
vorsichtig
Vertrauen haben

Ort
Spielzimmer

Benötigtes Material
Kein besonderes Material
erforderlich

Die Kinder, deren Arme in die Luft gehoben werden, erfahren sanfte Unterstützung durch ihre Altersgenoss/inn/en. Diejenigen, die die Arme anheben, haben die Gelegenheit, ihre Unterstützung anzubieten.

So geht es

1. Sprechen Sie kurz mit den Kindern über Sanftheit und Zärtlichkeit. Bitten Sie die Kinder, an einer einfachen Übung teilzunehmen, in der sie nett und zärtlich zu anderen Kindern sein können.

2. Bitten Sie die Kinder, daß sich eines von ihnen in die Mitte des Sitzkreises legt und alle Muskeln völlig entspannt, so als wäre es eine Stoffpuppe. Heben Sie nun sanft erst die Arme und dann die Beine in die Luft. Betonen Sie gegenüber den Kindern, daß Sie dies sehr sanft und vorsichtig tun, und bitten Sie das auf dem Boden liegende Kind, Ihnen beim Heben nicht zu helfen, sondern das Heben der Gliedmaßen Ihnen allein zu überlassen.

3. Bitten Sie die Kinder, nun auch dasselbe mit den Gliedmaßen der „Stoffpuppe" zu tun. Wenn einige Kinder an der
Reihe waren, können Sie die Übung mit einer anderen, frei-
willigen „Stoffpuppe" fortsetzen.

Und so geht's weiter

Übernehmen Sie selbst die Rolle der Stoffpuppe, und bitten
Sie die Kinder, – vielleicht zu zweit – Ihre Arme zu heben. Loben Sie die Kinder für ihr sanftes und vorsichtiges Heben.

Die Vögel in den Bäumen

4–8 Jahre

Schlüsselwörter
beschützen
Schutz
etwas gemeinsam machen
Sicherheit
Zuhause
Heim

Ort
Spielzimmer
Draußen

Benötigtes Material
Musik

In dieser Variante des bekannten Spiels „Reise nach Jerusalem" gibt es keine Verlierer/innen. Anstatt Kinder ohne Stuhl aus dem Spiel auszuschließen, bleiben sie hier im Spiel.

So geht es

1. Sprechen Sie mit den Kindern über Behütet- und Beschütztwerden, und lenken Sie das Gespräch auf eine besondere Art von Schutz: ein Heim, d.h. ein Zuhause zu haben. Wo finden Vögel und andere Lebewesen Schutz vor Unwetter und Sturm? Wie schützt uns unser eigenes Heim und bietet uns Sicherheit?

2. Kündigen Sie den Kindern dann an, daß Sie mit ihnen ein Spiel spielen wollen, in dem es um Schutz geht. Einige sollen so tun, als seien sie Bäume, während die anderen Kinder Vögel darstellen sollen, die durch den Wald fliegen. Solange die Musik läuft, ist das Wetter schön, und die Vögel können fliegen. Sobald die Musik abbricht, geht ein Unwetter los, und die Vögel müssen unter den Zweigen der Bäume Schutz suchen. Doch nach und nach werden die Vögel immer zahl-

reicher, die Bäume aber immer weniger. Deshalb müssen sich die Vögel so gut wie möglich zu mehreren unter die verbliebenen Zweige kuscheln.

3. Ein Viertel der Gruppe soll die Vögel darstellen, während die anderen Kinder die Rolle der Bäume übernehmen. Stellen Sie die „Bäume" so als Wald auf, daß genug Platz für die „Vögel" bleibt, um sicher hindurchzufliegen. Bitten Sie sie, nun an diesen Plätzen zu bleiben. Sobald die Musik abbricht, sollen sie ihre Arme als schutzspendende Zweige ausstrecken, unter denen dann die anderen Kinder als Vögel Schutz suchen können.

4. Starten Sie dann die Musik, und ermuntern Sie die „Vögel", durch den Wald zu fliegen. Sobald Sie die Musik anhalten, sollen sie Schutz unter oder bei den „Zweigen" suchen.

5. Bitten Sie nach jeder Runde eines der Kinder, die die Bäume darstellen, sich in einen Vogel zu verwandeln. Das Spiel geht so weiter, bis schließlich nur noch ein Baum übrig ist. Die Vögel, die nicht direkt unter dem Baum Schutz finden, sollen sich an die anderen Vögel schmiegen. Beenden Sie das Spiel, indem Sie den letzten Baum auch noch in einen Vogel verwandeln und selbst den letzten Baum darstellen.

Und so geht's weiter

Sie können mit Ihrem Kind einen Spaziergang in der Nachbarschaft oder in einem Park unternehmen, um sich die Behausungen anzuschauen, die den verschiedenen Tierarten als Schutz dienen.

Mir fehlen die Worte

4 – 8 Jahre

Schlüsselwörter
helfen
sprechen
sich verständigen
Zeichensprache
beschreiben
Bewegung

Ort
Wohn- oder Spielzimmer

Benötigtes Material
Kein besonderes Material
erforderlich

Stellen Sie sich auf einige ernüchternde Erfahrungen ein, wenn Sie in dieser Übung versuchen, ohne Worte mit den Kindern zu kommunizieren. Wie bei anderen Übungen, in denen es um das Fehlen einer Sinneswahrnehmung geht, ist es auch bei dieser Übung eine wichtige Erfahrung für die Kinder, sich durch solche frustrierenden Situationen durchzuarbeiten.

So geht es

1. Bitten Sie die Kinder zu erzählen, warum die Fähigkeit zu sprechen so wichtig ist. Wie würden sie empfinden, wenn sie nicht sprechen könnten? Erklären Sie den Kindern, daß es Menschen gibt, die aufgrund einer körperlichen Störung nicht sprechen können.

2. Führen Sie eine einfache Zeichensprache ein, indem Sie sich mit den Händen und dem ganzen Körper mitzuteilen versuchen. Machen Sie einige einfache Beispiele vor, und lassen Sie die Kinder raten, was Sie ihnen gerade „sagen":

mit dem Kopf nicken für Ja,

den Kopf schütteln für Nein,

mit der Faust drohen und ärgerlich schauen,

beide Arme ausstrecken, um zu einer Umarmung einzuladen,

zum Abschied winken.

3. Dann sagen Sie den Kindern, daß Sie nun so tun wollen, als seien Sie stumm, um herauszufinden, was für ein Gefühl das ist. Sobald Sie den Kindern den Sinn dieses Spiels klargemacht haben, beginnen Sie mit Ihrer Rolle als stumme Person. Wenn Sie den Kindern etwas mitteilen wollen, sagen Sie es mit den Händen und verschiedenen Gesichtsausdrücken.

4. Lassen Sie die Kinder dann Bilder malen oder etwas anderes tun, das nicht viel Erklärung erfordert. Mit älteren Kindern können Sie versuchen, ein ganzes Mittag- oder Abendessen lang stumm und nur mit Zeichensprache zu kommunizieren. Am Ende des Spiels können Sie mit den Kindern darüber sprechen, was alle Beteiligten dabei empfunden haben.

Und so geht's weiter

Fordern Sie die Kinder auf herauszufinden, wie sie Geräusche erzeugen. Bitten Sie sie, sich die Kehle zu befühlen, während sie verschiedene Geräusche machen oder sich beim Sprechen die Nase zuzuhalten oder mit herausgestreckter Zunge zu reden. Betonen Sie, daß viele verschiedene Teile des Körpers zum Sprechen beitragen.

Weißt Du, was es ist?

Schlüsselwörter
helfen
blind
Sinne
sehen
berühren
riechen

hören
sanft
so tun als ob

Ort
Spielzimmer

Benötigtes Material
Für jedes Kinderpaar eine
kleine Papiertüte und eine
Augenbinde

Dieses Spiel beinhaltet eine weitere Erfahrung, die die Kinder mit Augenbinden machen können. Wenn sie die Augenbinde tragen, müssen sie Geduld zeigen, während ihre Helfer/innen sie mit Dingen versorgen, die sie erkunden sollen. Die Kinder können in beide Rollen schlüpfen: Entweder wird ihnen geholfen, oder sie sind selbst die Helfer/innen.

So geht es

1. Sagen Sie den Kindern, daß Sie mit ihnen ein weiteres Spiel mit verbundenen Augen spielen wollen, in dem es wiederum um den netten Umgang miteinander geht. In der Partnerarbeit soll das eine Kind die Augenbinde tragen, während das andere irgendwelche Dinge zum Betasten, Hören und Riechen suchen und dem Kind mit der Augenbinde vorlegen soll.

2. Bitten Sie die Kinder, sich Partner/innen zu suchen, und geben Sie dann jedem Paar eine Augenbinde und eine Papiertüte. Jedes Paar muß entscheiden, wer von ihnen zuerst die Augenbinde trägt und wer als Helfer/in fungiert.

3. Bitten Sie die Helfer/innen, vier interessante Gegenstände zu suchen, die die Partnerin bzw. der Partner mit der Augenbinde fühlen, hören oder riechen kann. Diese Gegenstände werden in die Papiertüte getan, ohne dem anderen Kind gezeigt zu werden.

4. Wenn die Helfer/innen damit fertig sind, helfen sie ihrer Partnerin bzw. ihrem Partner, die Augenbinde umzulegen. Nun kann die Tüte geöffnet und der erste Gegenstand dem Kind mit der Augenbinde zum Erkunden gegeben werden. Nach etwa 30 Sekunden wird der nächste Gegenstand vorgelegt.

5. Damit die Kinder nicht abgelenkt werden, sollten Sie sie ermahnen, nicht zu viel während des Spiels zu reden.

6. Wenn alle Gegenstände vorgelegt und erkundet wurden, können die Kinder die Rollen tauschen.

Und so geht's weiter

Zeigen Sie den Kindern, wie man Gegenstände sanft und vorsichtig überreicht, wenn das Gegenüber nicht sehen kann. Es könnte sein, daß sich Kinder mit verbundenen Augen erschrecken, wenn ihnen ihre Partner/innen die Gegenstände einfach in die Hände fallen lassen.
- Machen Sie den Kindern klar, daß Menschen es manchmal gar nicht wollen, daß man ihnen hilft. Blinde beispielsweise lernen, die Welt auf ihre Weise zu erkunden und selbst Dinge zu suchen und zu finden. Vermeiden Sie es, daß bei den Kindern der Eindruck entsteht, daß behinderte Menschen völlig von anderen abhängig sind.
- Wenn Sie das Spiel vereinfachen wollen, können Sie den Kindern schon vorbereitete Beutel mit drei oder vier verschiedenen Gegenständen zur Verfügung stellen, die sie dann ihren Partner/innen geben können.

167

Der Thron

4–8 Jahre

Schlüsselwörter
jubeln
loben
mögen

Ort
Spielzimmer bzw.
Wohnzimmer

Benötigtes Material
- Kleiner Stuhl
- Filztuch als Bezug für die
  Stuhllehne
- Sternchen verschiedener
  Größe (aus gelbem Filz
  ausgeschnitten)
- Verschiedene
  Dekomaterialien
- Farbloser Klebstoff

Dieses Spiel soll dem Kind einen ganz besonderen Augenblick der Selbstbestätigung verschaffen. Es ist wichtig, für jedes Kind den richtigen Zeitpunkt zu wählen. Die Jubelrufe beziehen sich auf das Kind selbst, weil es etwas Besonderes darstellt. Es geht also nicht darum, irgendeinen Erfolg des Kindes zu feiern, sondern unabhängig davon soll jedes Kind auf dem Thron geehrt werden. Jedes Kind ist eine „Majestät" für sich. Dieses Spiel eignet sich auch gut als Familienspiel. Entweder machen die Familienmitglieder Vorschläge, wer auf diese Weise geehrt werden soll, oder sie bitten für sich selbst um eine Jubelfeier.

So geht es

1. Breiten Sie auf einem Tisch das Filztuch aus, und legen Sie das Dekomaterial und den Klebstoff bereit. Bitten Sie die Kinder um ihre Hilfe bei der Herstellung eines Bezuges für die Rückenlehne eines „Thronsessels". Sie sollen Ihnen helfen, die verschiedenen Sterne und anderes Dekomaterial auf das Filztuch zu kleben.

2. Wenn alles aufgeklebt und der Klebstoff getrocknet ist, begeben sich alle ins Wohnzimmer, um dort das geschmückte Filztuch als Bezug über die Rückenlehne eines kleinen Stuhls zu legen. Sagen Sie den Kindern, daß dies nun der „Thronsessel" sei.

3. Fragen Sie die Kinder, ob sich jemand von ihnen auf den Sessel setzen möchte. Wenn ein Kind darauf Platz genommen hat, nennen Sie einige der Vorzüge, die Sie an diesem Kind besonders schätzen. Fordern Sie auch die anderen Kinder auf, lobende Worte für das Kind auf dem Thron zu finden. Sagen Sie dem Kind auf dem Thron, es soll seinen Namen nennen, und bitten Sie dann die Gruppe, die „Majestät" mit Jubelrufen und Applaus zu feiern, wenn sie ihren Namen genannt hat. Signalisieren Sie mit erhobenen Händen, wann die Jubelfeier beendet werden soll.

4. Lassen Sie jedesmal nur zwei Kinder/Familienmitglieder auf diese Weise ehren, aber sorgen Sie dafür, daß im Laufe der nächsten Zeit alle einmal an die Reihe kommen.

Und so geht's weiter

Sollte ein Kind negative Bemerkungen über die Majestät auf dem Thronsessel machen, reagieren Sie darauf am besten in folgender Weise: „Ja, das sind also die Dinge, die dich an ... stören. Nun wollen wir aber auch einmal überlegen, welche Dinge wir an ... mögen und schätzen."

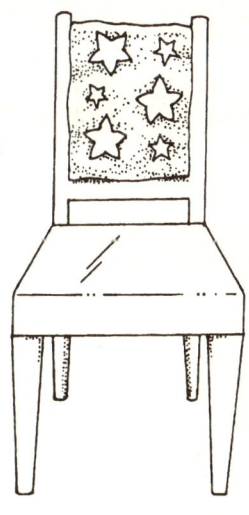

Eine sanfte Brise

4 – 8 Jahre	Ort

Schlüsselwörter
sanft
vorsichtig
etwas gemeinsam machen
sich wohl fühlen
sicher

Ort
Gruppen- bzw. Klassen-
zimmer

Benötigtes Material
Kein besonderes Material
erforderlich

In diesem Spiel können Kinder so zusammenarbeiten, daß sie einem anderen Kind aus der Gruppe die Erfahrung von Sanftheit und Behaglichkeit verschaffen. Gerade für solche Kinder, die sonst häufig von den anderen übersehen werden, wird dies eine schöne Erfahrung sein. Zwingen Sie aber kein Kind, an der Übung teilzunehmen.

So geht es

1. Sprechen Sie kurz mit den Kindern über Sanftheit und Zärtlichkeit. Wie verhält man sich sanft und zärtlich gegenüber einem Baby, einer Blume oder einem kleinen Hund?

2. Leiten Sie die Übung dann ein, indem Sie folgende Geschichte erzählen:
Es war einmal ein Junge, der hieß Kasimir und wohnte in Bad Butterbeere. Eines Tages war er völlig erschöpft, weil er lange und ausgiebig mit seinen Freundinnen und Freunden gespielt hatte. Er legte sich unter den schönsten Baum der Gegend, und schon im nächsten Augenblick war er eingeschlafen. Der freundliche Baum hatte Mitleid mit dem völlig erschöpften Kasimir, und deshalb beugte er seine Zweige herab, nahm Kasimir sanft hoch und wiegte ihn ein wenig

hin und her. Aber da kündigte sich ein Sturm an, und darum
legte der Baum Kasimir wieder sanft auf den Boden, damit
er noch rechtzeitig nach Hause laufen konnte. ENDE

3. Bitten Sie um freiwillige Meldung für die Rolle des Kasimir. Das Kind legt sich mit angelegten Armen und gestreck-
ten Beinen auf den Rücken und schließt die Augen. Bitten Sie
acht oder neun andere Kinder, die Zweige des Baumes zu
spielen. Diese sollen sich gleichmäßig verteilt zu beiden Seiten von „Kasimir" hinknien und ihre Hände, mit den Handflächen nach oben, unter seinen Rücken und seine Beine
schieben. Übernehmen Sie selbst Kopf, Hals und Schultern.

4. Auf Ihr Zeichen hin heben die „Zweige" langsam das Kind
vom Boden hoch, bis alle stehen. Beim Heben sollen die
„Zweige" leise Windgeräusche machen.

5. Wenn „Kasimir" in der Luft schwebt, wiegen ihn die „Zweige"
sanft hin und her und singen mit Ihnen ganz langsam folgendes
Lied zu der Melodie von „Schlaf, Kindchen, schlaf":
Kasimir, schlaf!
Wir Zweige sind sehr brav.
Wir wiegen dich sanft hin und her,
und wenn ein Sturm kommt, bitte sehr,
dann helfen wir dir rasch.
Kasimir, schlaf.

6. Während der beiden letzten Zeilen des Liedes wird das
Kind langsam und sanft auf den Boden zurückgelegt.

7. Wiederholen Sie das Spiel mit einem anderen Kind.

Und so geht's weiter

Die Kinder sind bei diesem Spiel meistens eher ernst und ruhig. Sollten sie sich allerdings albern und lärmend verhalten,
erinnern Sie sie daran, daß es sehr wichtig ist, sanft und vorsichtig zu sein.
• Das Kind, das Kasimir spielt, kann sich die „Zweige", die
  ihn heben, selbst aussuchen.

Der Nachtexpreß

5–9 Jahre

Schlüsselwörter
helfen
schützen
etwas gemeinsam machen
gemeinsam

Ort
Wo Sie wollen

Benötigtes Material
• Drei Gürtel oder Seilstücke
• Drei Hüte
• Drei Augenbinden

Das Spiel „Nachtexpreß" kombiniert drei verschiedene, einander ergänzende Fähigkeiten. Zum einen ist die „Zugmaschine" für die Sicherheit der „Waggons" verantwortlich, wenn sie sich durch den Wald bewegt, während die „Bäume" Warnsignale abgeben. Zum zweiten müssen Zugmaschine und Waggons miteinander kooperieren, um als ein ganzer Zug aneinandergekoppelt zu bleiben, und zum dritten hilft der Zug den Kindern, ihr Spielzeug in die Stadt zu transportieren.

So geht es

1. Erzählen Sie den Kindern eine kleine Geschichte über eine Zugfahrt (vielleicht etwas, was Sie selbst erlebt oder irgendwo gelesen haben). Vielleicht können die Kinder auch von eigenen Erlebnissen erzählen.

2. Sagen Sie ihnen dann, daß sie einen Zug spielen sollen, der Spielzeug zu Kindern transportiert, die jenseits eines großen Waldes leben. Da es aber der Nachtexpreß ist, kann nur die Zugmaschine mit ihren Scheinwerfern erkennen, wohin der Weg geht.

3. Bitten Sie um freiwillige Meldung für die Rolle der Zugmaschine und der drei Waggons. Die übrigen Kinder stellen die

Bäume im Wald dar. Die „Bäume" sollen zwischen sich genug Platz lassen und an ihrer Stelle stehenbleiben, damit der „Zug" sicher durch den Wald fahren kann, ohne irgendwo anzustoßen. Sie können „ah" oder „oh" machen, wenn einer der „Waggons" gegen sie zu stoßen droht. Setzen Sie drei Hüte auf drei der Bäume im Wald. Um diese drei Bäume muß der Zug herumfahren, ehe er schließlich den Wald verlassen kann.

4. Die drei Waggons stellen sich hinter der Zugmaschine auf und halten sich am Gürtel ihres Vordermanns fest. Verteilen Sie dafür gegebenenfalls Gürtel oder Seilstücke an die Zugmaschine und die ersten beiden Waggons. Wenn der Zug zusammengestellt ist, werden den drei Waggons Augenbinden umgelegt, und auf Ihr Kommando hin soll sich die Zugmaschine langsam in Bewegung setzen. Führen Sie bei diesem Spiel aufmerksam Aufsicht.

5. Stellen Sie sich ans andere Ende des Waldes, um den Zielort des Zuges darzustellen, und geben Sie dann das Startsignal.

6. Lassen Sie die Kinder abwechselnd die Zugmaschine darstellen.

Und so geht's weiter

- Sie können das Spiel auch ohne Augenbinden spielen lassen und statt dessen den Raum abdunkeln oder es draußen in der Dämmerung spielen. Geben Sie der Zugmaschine eine Taschenlampe als Scheinwerfer.
- Wenn Sie nicht genug Kinder haben, lassen Sie den Wald weg. Wenn Sie mit nur einem Kind spielen, können Sie sich mit Ihrem Kind in der Rolle der Zugmaschine abwechseln, wenn sie den „Familienexpreß" um und durchs Haus rollen lassen.

Geht es jetzt besser?

5–9 Jahre

Schlüsselwörter
sich kümmern
sanft
Verstauchung
Handgelenk
Knie
Fußknöchel
Ellbogen
Gelenk
Behinderung

Ort
Spielzimmer

Benötigtes Material
Für jedes Kinderpaar einen
Verband

Vergessen Sie nicht, daß es bei diesem Spiel um den Versuch geht, Hilfe zu geben und zu bekommen, und nicht um sorgfältige medizinische Versorgung.

So geht es

1. Fragen Sie die Kinder, ob sie sich schon irgendwann einmal z. B. den Knöchel oder Ellbogen verstaucht haben. Erklären Sie ihnen, was eigentlich passiert, wenn sich jemand eine Verstauchung zuzieht.

2. Bitten Sie um freiwillige Meldung, wer so tun will, als habe er sich den Ellbogen, das Handgelenk, das Knie oder den Knöchel verstaucht. Überlegen Sie sich vorher für jede Verletzung eine mögliche Ursache. Beispielsweise könnte eine Verstauchung des Knöchels dadurch entstehen, daß man beim Laufen in ein Loch getreten ist. Zeigen Sie den Kindern, wie man das verstauchte Gelenk mit Verband umwickelt und mit Metallstäben schient.

3. Bitten Sie die Kinder, sich Partner/innen zu suchen. Jedes Paar besteht aus einem „verletzten" und einem hilfeleistenden Kind. Wenn sich die Paare entschieden haben, wer welche Rolle übernimmt, soll sich das „verletzte" Kind überlegen, welches Gelenk es sich verstaucht hat: Fußknöchel, Knie, Handgelenk oder Ellbogen. Geben Sie dem hilfeleistenden Kind den Verband mit der Bitte, das verstauchte Gelenk damit zu umwickeln. Bieten Sie, falls nötig, Ihre Hilfe an.

4. Wenn alle „verstauchten" Gelenke versorgt sind, können die Partner/innen ihre Rollen tauschen, damit alle einmal die Gelegenheit haben, Hilfe zu leisten.

Und so geht's weiter

Sie können das Spiel einfacher gestalten, wenn Sie die Länge des Verbandes kürzen und sich zwei Kinder um eine Verstauchung kümmern.

Es ist serviert!

5–9 Jahre	**Ort**
	Spielzimmer

Schlüsselwörter
helfen
sanft
Partner
Partnerinnen
Vertrauen

Benötigtes Material
- Schalen mit Apfelmus, Pudding und Fruchtcocktail
- Holz- oder Plastiklöffel (etwa vier Löffel für jedes Kind)
- Für jedes Kind ein Becher mit Wasser
- Eine Augenbinde

Auch wenn Sie dieses Spiel den Kindern als Ratespiel vorstellen werden, geht es doch in erster Linie um das sanfte und hilfreiche Verhalten der Kinder, wenn sie ihre Partner/innen „füttern". Wie bei jedem Spiel, in dem Nahrungsmittel verzehrt werden, sollten Sie sich vorher erkundigen, ob manche Kinder vielleicht Allergien haben.

So geht es

1. Sagen Sie den Kindern, daß Sie für sie ein Ratespiel haben, das in Paaren gespielt wird. Das eine Kind wird dabei eine Augenbinde tragen, während sein/e Partner/in eine von drei Speisen aussucht und es damit füttert. Sie sollen sich deshalb nun Partner/innen suchen und überlegen, wer welche Rolle übernimmt.

2. Decken Sie dann ein Laken auf, unter dem Sie vorher die Schalen, Löffel und Becher bereitgestellt haben.

3. Die Paare setzen sich einander gegenüber, und das eine Kind bindet dem anderen Kind sanft die Augenbinde um. Dann nimmt es einen Löffel und überlegt, mit welcher Speise es seine/n Partner/in füttern will. Betonen Sie, daß beim Füttern unbedingt sanftes Verhalten erforderlich ist.

4. Nachdem die Kinder mit der Augenbinde in Ruhe eine Speise gekostet haben, sollen sie raten, was ihnen ihr/e Partner/in gerade serviert hat.

5. Wenn sie alle drei Speisen probiert haben, tauschen sie mit ihren Partner/innen die Rollen.

6. Ermuntern Sie die Kinder, sich ein wenig Zeit beim Kosten der Speisen zu lassen. Sie sollen ganz in Ruhe die jeweilige Speise schmecken, bevor sie raten, um was es sich dabei handelt. Danach nehmen sie einen Schluck Wasser, um für die nächste Kostprobe gerüstet zu sein.

Und so geht's weiter

Wenn Sie die Anzahl der Speisen vergrößern, wird das Spiel schwieriger. Sie können auch die Art der Speisen variieren. Lassen Sie beispielsweise fünf oder sechs verschiedene Arten von Rohgemüse oder Obst servieren. Wenn die Zahl der Kinder ungerade ist oder Sie mit nur einem Kind spielen, lassen Sie sich selbst auch füttern.

Berühre mich!

5–9 Jahre

Schlüsselwörter
sanft/zärtlich
berühren
vertrauen
Augenbinde
Verhalten
Partnerinnen
Partner
Rollen tauschen

Ort
Spielzimmer
Küche oder Wohnzimmer

Benötigtes Material
Eine Auswahl an Gegenständen
mit unterschiedlicher Ober-
flächenstruktur, z. B.: Fell-
stücke, Sandpapier, ein Papierbogen (der zusammengeknüllt
und wieder glattgestrichen
wurde), ein glatter Stein, ein
Gummiball, Seide u. ä.

In diesem Spiel sollen die Kinder das Gesicht eines anderen
Menschen so berühren, daß dieser es als sanft und zärtlich
empfindet. Kinder, die sich entschließen, sich die Augenbinde
umlegen zu lassen, müssen Vertrauen zu ihrer Partnerin/
ihrem Partner haben.

So geht es

1. Zeigen Sie den Kindern die Auswahl der verschiedenen Gegenstände. Wissen sie, worum es sich jeweils handelt? Dann
erzählen Sie ihnen, daß Sie für sie ein Ratespiel haben, das in
Paaren gespielt wird. Das eine Kind wird dabei eine Augenbinde tragen, während sein/e Partner/in einen der Gegenstände
aussucht und ihm damit sanft über die Wange streicht. Dann
muß es versuchen, den Gegenstand zu erraten. Sie sollen sich
deshalb nun Partner/innen suchen und überlegen, wer welche
Rolle übernimmt.

2. Gehen Sie dann mit den Kindern in die Küche, wo Sie die Gegenstände auf einem großen Tisch ausbreiten.

3. Die Paare setzen sich einander gegenüber, und das eine Kind bindet dem anderen Kind sanft die Augenbinde um. Dann überlegt es, mit welchem Gegenstand es seine/n Partner/in an der Wange berühren will. Betonen Sie, daß dabei unbedingt sanftes Verhalten erforderlich ist. Zeigen Sie den Kindern nötigenfalls, wie es geht.

4. Nachdem die Kinder mit der Augenbinde eine Zeitlang den Gegenstand an ihrer Wange gespürt haben, sollen sie raten, um was für einen Gegenstand es sich wohl handelt.

5. Nach drei oder vier Gegenständen werden die Rollen getauscht.

6. Ermuntern Sie die Kinder, sich ein wenig Zeit beim Erspüren der Gegenstände zu lassen und nicht vorschnell zu raten, um was es sich dabei handelt.

Und so geht's weiter

Bei einer größeren Auswahl an Gegenständen wird das Spiel für die Kinder schwieriger.
• Das Spiel wird einfacher, wenn die Kinder mit der Augenbinde die Gegenstände in die Hand nehmen dürfen. Dieses Spiel können Sie auch gut mit Ihrem Kind allein spielen und dabei die Rollen wechseln.

Nicht wie Katz und Maus!

Schlüsselwörter
umarmen
sanft
zärtlich

Ort
Spielzimmer
Wohnzimmer

Benötigtes Material
• Rotes und gelbes Tonpapier
• Klebeband
• Schere
• Musik

Während dieses Spiels werden Sie die Kinder gelegentlich daran erinnern müssen, sanft und zärtlich zu sein. Wenn Sie merken, daß Sie andauernd eingreifen müssen, sollten Sie das Spiel vereinfachen. Einigen Kindern wird intensiver körperlicher Kontakt unangenehm sein.

So geht es

1. Schneiden Sie Streifen aus dem roten und gelben Tonpapier aus, die lang genug sind, so daß Sie die Enden zu einem Kinder-Stirnband zusammenkleben können. Schneiden Sie aus dem gelben Tonpapier Kreise aus und aus dem roten Dreiecke. Kleben Sie immer zwei Kreise als „Mäuseohren" an die gelben Stirnbänder und zwei Dreiecke als „Katzenohren" an die roten. Sie benötigen für die Hälfte der Kinder Mäuseohren und für alle außer einem Kind Katzenohren.

2. Erklären Sie den Kinder das Spiel „Nicht wie Katz und Maus!": Die Katzen werden hier die Mäuse nicht fressen, sondern zärtlich umarmen. Die eine Hälfte der Gruppe bekommt die gelben Mäuseohren, die andere Hälfte die roten

Katzenohren. Während die Musik spielt, laufen Katzen und Mäuse im Raum herum und quieken oder miauen. Sobald die Musik abbricht, müssen sich die Katzen eine Maus zum Umarmen suchen. Es können sich auch die Katzen umarmen, aber sie müssen mindestens eine Maus in ihre Umarmung einbeziehen.

3. Wenn sich die Katzen und Mäuse eine kurze Zeit umarmt haben, wählen Sie eine Maus aus, die in eine Katze verwandelt wird. Tauschen Sie ihr gelbes Mäusestirnband gegen ein rotes Katzenstirnband aus, und lassen Sie wieder die Musik laufen.

4. Das Spiel geht so weiter, bis schließlich nur noch eine Maus übriggeblieben ist. Wenn nun die Musik abbricht, versammeln sich alle Katzen um diese eine Maus zu einer großen Gruppenumarmung.

Und so geht's weiter

Spielen Sie selbst eine Katze, und suchen Sie sich eine Maus aus, die eine Umarmung braucht. Sie können eine Variante des Spiels als immerwährende Einrichtung in Ihre Familie einführen. Jedesmal wenn ein Familienmitglied ruft: „Ach, ich brauche jetzt eine Riesenumarmung!", laufen alle anderen zu ihm hin, und alle zusammen nehmen es in den Arm.

Nachtflug

5-9 Jahre

Schlüsselwörter
Zusammenarbeit
führen
retten
Augenbinde
rechts
links
Richtungen

Partner
Partnerin

Ort
Spielzimmer
Draußen

Benötigtes Material
• Augenbinde
• Ein kleines Laken

Bei dieser Übung müssen die Kinder in der Lage sein, verschiedene Richtungsangaben zu verstehen: nach links, nach rechts, vorwärts, herumdrehen, anhalten usw. Sorgen Sie vorher dafür, daß der Raum aufgeräumt ist und nichts im Weg steht. Erlauben Sie den Kindern, jederzeit wieder die Augenbinde zu entfernen, wenn sie es wollen. Wenn Ihnen ein/e erwachsene/r Helfer/in zur Verfügung steht, können Sie die Übung selbst vormachen, bevor die Kinder damit beginnen.

So geht es

1. Leiten Sie die Übung mit folgender Geschichte ein:

Es war einmal ein kleines Flugzeug, das versuchte eines Tages auf dem Flughafen von Bad Butterbeere zu landen. Aber die Nacht war stockfinster, und dummerweise waren auch noch alle Lampen auf der Landebahn kaputt. Mariellas Vater arbeitete im Kontrollturm des Flughafens als Fluglotse. Er konnte das kleine Flugzeug auf seinem Radarschirm sehen, und deshalb nahm er über sein Funkgerät Kontakt mit dem Piloten auf. *Da dieser ja nichts sehen konnte, gab nun Mariellas Vater über Funk Anweisungen, in welche Richtung der Pilot das Flugzeug fliegen mußte, um es sicher auf der Landebahn aufsetzen zu lassen. Nach der sicheren Landung waren alle Menschen in dem Flugzeug sehr glücklich.* ENDE

2. Sagen Sie den Kindern, daß Sie nun mit ihnen dieses Spiel über den Nachtflug eines Flugzeugs spielen wollen. Ein Kind soll die Rolle von Mariellas Vater übernehmen, der ein anderes Kind, das das Flugzeug spielt und dessen Augen verbunden sind, mit Hilfe von genauen Anweisungen führen soll. Das Kind, das Mariellas Vater (also den Fluglotsen) spielt, führt das Flugzeug von der einen Ecke des Raums in die gegenüberliegende, wo ein kleines Laken die Landebahn darstellt. Es darf das Flugzeug aber nur mit Hilfe von mündlichen Anweisungen zur Landebahn führen.

3. Die Kinder müssen alt genug sein, um wirklich zu verstehen, wie man sich nach links oder nach rechts bewegt. Sie können das mit ihnen ein wenig üben: Bitten Sie die Kinder, hinter Ihnen Aufstellung zu nehmen, und bewegen Sie sich mit ihnen vorwärts, nach links und nach rechts oder wieder zurück; dabei geben Sie laut entsprechende Anweisungen. Bitten Sie ein Kind, kurz Ihre Rolle zu übernehmen.

4. Legen Sie dann das Laken in eine Ecke des Raums, und erklären Sie den Kindern, daß dies die Landebahn des Flughafens sei. Bitten Sie dann um freiwillige Meldung für die Rollen des Flugzeugs und des Fluglotsen.

5. Dem Flugzeug werden sanft die Augen verbunden, und sobald es in der dem Flughafen gegenüberliegende Ecke steht, kann das Spiel beginnen. Der Fluglotse gibt nun seine Anweisungen. Er darf dabei neben dem Flugzeug herlaufen, es aber nicht berühren. Bleiben Sie nahe bei dem Paar, um nötigenfalls für die Sicherheit des Kindes mit den verbundenen Augen zu sorgen.

6. Wenn das Flugzeug auf der Landebahn angekommen ist, kann der Fluglotse ihm die Anweisung geben, sich zu setzen und die Augenbinde abzunehmen.

7. Lassen Sie die Übung mit vertauschten Rollen wiederholen.

Und so geht's weiter

Kinder, denen es zu schwer fällt, allein mit mündlichen Anweisungen das Flugzeug zu dirigieren, können sich direkt hinter ihre/n Partner/in stellen, um sie/ihn mit sanften Berührungen zum Flughafen zu führen, und ihr/ihm sagen, wenn sie dort angekommen sind.

• Das Spiel wird schwieriger mit zwei oder mehr Flugzeugen oder indem Sie ein Zeitlimit setzen. Wenn die Uhr abgelaufen ist, hat das Flugzeug keinen Treibstoff mehr.

• Sie können das Spiel auch ohne Augenbinde durchführen, wenn Sie es den Kindern leichter machen wollen. Verzichten Sie dann auf das Laken als sichtbare Landebahn, und flüstern Sie dem Fluglotsen das Ziel des Flugzeugs ins Ohr, so daß das Flugzeug nicht weiß, wo es landen wird.

Mama Henne und ihre Küken

5–9 Jahre

Schlüsselwörter
helfen
schützen
retten

Ort
Spielzimmer
Draußen

Benötigtes Material
- Für jedes Kind etwa drei Bögen Altpapier
- Ein Papiersack oder Karton

Wenn Sie merken, daß Spiele, in denen verschiedene Rollen gespielt und unterschiedliche Ziele angestrebt werden, die Kinder verwirren, überlegen Sie sich Möglichkeiten, ihnen den Ablauf des Spiels anschaulich zu machen. Geben Sie z. B. sichtbare Hinweise, mit denen Sie die Kinder daran erinnern können, wer was tun soll. Mama Henne könnte beispielsweise einen poppigen Blumenhut tragen, während Herr Fuchs eine Wollmütze aufhat. Malen Sie dem Fuchs Schnurrbarthaare auf, oder basteln Sie aus Tonpapier ein Stirnband mit spitzen Ohren.

So geht es

1. Stellen Sie „Eier" her, indem Sie Papierbögen zusammenknüllen.

2. Versammeln Sie dann die Kinder im Kreis, und erzählen Sie ihnen die Geschichte der armen Mama Henne:

Es war einmal Mama Henne, die wohnte auf einem Bauernhof in Bad Butterbeere. Eines Tages nun drang jemand in den Hühnerstall ein, um alle Eier der Mama Henne zu steh-

185

len und sie irgendwo auf dem Bauernhof zu verstecken. Mama Henne wollte sie natürlich zurückhaben, aber die Eier lagen hinter der Umzäunung des Hühnergeheges, und nur die Küken von Mama Henne waren klein genug, um hindurchzukriechen und die Eier zurückzuholen. Aber es war natürlich auch klar, daß Herr Fuchs versuchen würde, das zu verhindern. Was glaubt ihr: Kann Mama Henne ihre kleinen Küken beschützen, während diese versuchen, die Eier zu retten?

ENDE

3. Bitten Sie die Kinder um freiwillige Meldung für die Rollen von Mama Henne und Herrn Fuchs. Die übrigen Kinder stellen die Küken dar. Die Küken haben die Aufgabe, die Eier von Mama Henne zum Hühnerstall zurückzubringen, ohne sich von Herrn Fuchs fangen zu lassen. Wenn ein Küken gefangen wird, sagt der Fuchs: Hab' dich!, und das Küken verwandelt sich in einen Fuchs. Die Küken sind aber in Sicherheit, wenn sie Mama Henne umarmen (aber nicht nur einfach berühren). Nur die Küken können die Eier zurückholen, aber nur dann, wenn sie nicht gerade Mama Henne umarmen.

4. Ein Papiersack oder Karton, der als Nest von Mama Henne im Hühnerstall dient, wird in die Mitte der Spielfläche gelegt, während die Eier über die gesamte Spielfläche verteilt werden. Bitten Sie Mama Henne und ihre Küken, sich am Nest zu versammeln, während sich Herr Fuchs irgendwo an den Rand der Spielfläche stellt.

5. Auf Ihr Kommando hin (Also, los, ihr Küken, holt Mama Hennes Eier zurück!) beginnen die Küken, die Eier einzusammeln, während der Fuchs versucht, jedes Küken zu fangen, das gerade nicht Mama Henne umarmt. Das Spiel ist beendet, wenn alle Eier im Nest sind oder – was wahrscheinlicher ist – wenn alle Küken in Füchse verwandelt wurden.

6. Nach den ersten beiden Runden können die Kinder eine Pause einlegen. Sprechen Sie mit ihnen darüber, was Hilfe und Schutz bedeuten.

Und so geht's weiter

In den ersten Spielrunden können Sie selbst die Rolle des Fuchses übernehmen, um den Kindern dabei zu helfen, die Spielregeln richtig zu verstehen.

• Bei älteren Kindern können Sie noch einen Papa Gockel und den Bruder von Herrn Fuchs ins Spiel bringen. Das Spiel hat dann fast die gleichen Regeln, nur kann nun Papa Gockel auch einen Fuchs fangen, und wenn er „Hab' dich!" ruft, verwandelt sich ein Fuchs in ein Küken. Auch Papa Gockel kann wie Mama Henne nicht in einen Fuchs verwandelt werden. (Es dürfte hilfreich sein, wenn Papa Gokkel und Mama Henne durch ihre Kopfbedeckung deutlich unterschieden sind.)

Übergangen, übersehen?

5–9 Jahre

Schlüsselwörter
nett sein
abgeben
großzügig
Geduld

Ort
Spielzimmer

Benötigtes Material
Für jedes Kindpaar einen
Vollkornkeks (und einen für
Sie selbst)

In diesem Spiel müssen die Kinder etwas untereinander verteilen, was nur in begrenztem Maß vorhanden ist. Vermeiden Sie es, unnötig Aufhebens zu machen, wenn ein Kind keinen Keks geschenkt bekommen hat. Manche Kinder werden eine solch harmlose Mißachtung schon recht gelassen hinnehmen können. Zwingen Sie die Kinder nicht, ihren Keks an ein anderes Kind zu verschenken.

So geht es

1. Nachdem sich die Kinder die Hände gewaschen haben, setzen sie sich im Kreis hin, und Sie verteilen an jedes zweite Kind einen Keks. Sie selbst müssen auch einen Keks haben. Bitten Sie die Kinder, nicht eher den Keks zu essen, als Sie es ihnen erlauben. Alle Kinder, die einen Keks bekommen haben, sollen dann ihre Hand heben. Sagen Sie diesen Kindern, daß sie nun, wenn sie wollen, nett und großzügig zu denen sein können, die keinen Keks bekommen haben.

2. Dann sollen die Kinder, die keinen Keks bekommen haben, ihre Hand heben. Sagen Sie nun zu der gesamten Gruppe: *Also, ihr seht, nicht alle Kinder haben einen Keks bekommen. Möchte jemand, der einen Keks hat, einen Teil davon*

abgeben! Warten Sie ab, ob sich irgendwelche Kinder groß-zügig zeigen. Bitten Sie dann wieder die Kinder, die immer noch kein Stück Keks bekommen haben, ihre Hand zu heben. Wiederholen Sie Ihre aufmunternde Frage. Nach dieser zwei-ten Gelegenheit, sich großzügig zu zeigen, brechen Sie ihren Keks in genug Stücke, um allen, die noch nichts von den an-deren bekommen haben, etwas von Ihrem Keks abzugeben.

Und so geht's weiter

Um die Herausforderung zu erhöhen, geben Sie nur einem Drittel der Gruppe einen Keks. Spielen Sie ein ähnliches Spiel, wenn Ihr Kind gerade Besuch hat. Geben Sie Ihrem Kind einen Keks (und halten Sie einen zweiten in Reserve), und bitten Sie es, einen Teil davon an die Freundin oder den Freund abzugeben. Wenn sich Ihr Kind weigert, können sie dem Besuch den zweiten Keks geben.

Majestät Zärtlichkeit

5–9 Jahre	**Ort**
	Spielzimmer
	Draußen

Schlüsselwörter
Hilfe
Umarmung
zärtlich

Benötigtes Material
• Gleiche Hüte oder Stirnbänder aus Tonpapier für die
  „Bösen Trolle"
• Eine besondere Kopfbedek-
  kung (z.B. eine Krone) für
  die „Majestät Zärtlichkeit"

Es gibt Spiele mit einem ganz klaren Ende: z.B. wenn jemand
gewonnen hat oder eine ganz bestimmte Aufgabe erfüllt worden ist. Bei solchen Spielen wissen Sie immer, wann sie beendet sind. Dagegen haben viele Übungen und Spiele in diesem Buch kein offensichtliches Ende, da sie anderen Zwek-
ken als etwa denen des Gewinnens dienen. Achten Sie darauf,
was Sie den Kindern zumuten können. Führen Sie Spiele zu
einem vorzeitigen Ende, bevor sie eintönig werden oder die
Kinder ermüden.

So geht es

1. Beginnen Sie, indem Sie den Kindern folgende Geschichte
erzählen:

*Es war einmal ein Land – ganz weit weg –, da lebten die Bö-
sen Trolle. Die Menschen in diesem Land mochten die Bösen
Trolle gar nicht gern, denn sie hatten Angst vor ihnen. Eine
Berührung der Trolle führte dazu, daß man sich in eine Kri-*

stallstatue verwandelte. Wenn sich ein Mensch in eine sol-
che Statue verwandelt hatte, war er sehr traurig, denn er
konnte sich ja nicht mehr von der Stelle rühren und sich
noch nicht einmal mehr bewegen. Er konnte dann weder
essen noch lachen oder spielen. Manchmal tanzten die Bösen
Trolle sogar um einen solchen traurigen Menschen herum,
weil sie wohl glaubten, dem würde das auch noch Spaß
machen. Eines glücklichen Tages kam nun die Majestät
Zärtlichkeit in dieses Land. Ja, das war wirklich ein glück-
licher Tag, denn jeder zu Kristall erstarrte Mensch, den die
Majestät Zärtlichkeit umarmte, konnte sich danach wieder
bewegen. Und die Bösen Trolle konnten der Majestät Zärt-
lichkeit überhaupt nichts anhaben, denn wenn sie sie be-
rührten, passierte nichts, rein gar nichts. Was meint ihr, hat
die Majestät Zärtlichkeit schließlich alle Menschen im gan-
zen Land retten können? ENDE

2. Bitten Sie die Kinder um freiwillige Meldung für die Rolle
der Majestät Zärtlichkeit und die von zwei Trollen. Alle drei
Kinder erhalten nun eine Kopfbedeckung, an denen die anderen Kinder sie erkennen können, wobei sich die Kopfbedeckung der Majestät Zärtlichkeit von der der Trolle deutlich
unterscheiden sollte.

3. Das Spiel wird nach den normalen Regeln für „Fangen" gespielt – mit dem Unterschied, daß alle Kinder, die von den
Trollen gefangen werden, zu Statuen erstarren, bis sie durch
eine zärtliche Umarmung der Majestät Zärtlichkeit wieder er-
löst werden. Achten Sie darauf, daß dies wirklich durch eine
Umarmung mit beiden Armen geschieht, und nicht nur durch
eine flüchtige Berührung. Die Trolle versuchen, alle Kinder in
Statuen zu verwandeln. Erinnern Sie noch einmal daran, daß
sie der Majestät Zärtlichkeit aber nichts anhaben können.

4. Machen Sie den Kindern eine „richtige" Umarmung vor,
und betonen Sie, wie wichtig es dabei ist, sanft und zärtlich
zu sein.

5. Machen Sie die Grenzen der Spielfläche kenntlich, und lassen Sie die Trolle an dem einen Ende, die Majestät Zärtlichkeit am anderen Ende Aufstellung nehmen. Die übrigen Kinder stellen sich in die Mitte der Spielfläche, und das Spiel kann beginnen. Das Spiel ist beendet, wenn ein vorgegebenes Zeitlimit erreicht ist oder alle Kinder (mit Ausnahme der Majestät Zärtlichkeit) von den Trollen in Statuen verwandelt worden sind.

Und so geht's weiter

Sie können den Schwierigkeitsgrad des Spiels verändern, indem Sie die Spielfläche vergrößern oder noch weitere Böse Trolle oder Majestäten Zärtlichkeit ins Spiel bringen.
- Bei älteren Kindern können Sie die Zahl der Trolle erhöhen und die Spielregeln so verändern, daß die Trolle, die von der Majestät Zärtlichkeit berührt werden, ihre Zauberkraft verlieren und sich in normale Menschen verwandeln. Diese können dann ihrerseits von den übriggebliebenen Trollen in Statuen verzaubert werden.